習慣購買のパワー　最強の固定客化戦略

习惯购买的力量

[日] 松村清 著

玲玲 译

人民东方出版传媒

People's Oriental Publishing & Media

东方出版社

The Oriental Press

图字：01-2018-1196 号

SHUUKAN KOUBAI NO POWER © KIYOSHI MATSUMURA 2015
Originally published in Japan in 2015 by THE SHOGYOKAI PUBLISHING CO.,LTD.
Simplified Chinese translation rights arranged through TOHAN CORPORATION，TOKYO，
and HANHE INTERNATIONAL（HK）CO.，LTD.

中文简体字版专有权属东方出版社

图书在版编目（CIP）数据

习惯购买的力量／（日）松村清 著；玲玲 译. —北京：东方出版社，2019.2
（服务的细节；079）
ISBN 978-7-5207-0684-1

Ⅰ.①习…　Ⅱ.①松…②玲…　Ⅲ.①消费者行为论—研究　Ⅳ.①F713.55

中国版本图书馆 CIP 数据核字（2018）第 279162 号

服务的细节 079：习惯购买的力量
（FUWU DE XIJIE 079：XIGUAN GOUMAI DE LILIANG）

作　　者：〔日〕松村清
译　　者：玲　玲
责任编辑：崔雁行　高琛倩
出　　版：东方出版社
发　　行：人民东方出版传媒有限公司
地　　址：北京市东城区东四十条 113 号
邮　　编：100007
印　　刷：三河市中晟雅豪印务有限公司
版　　次：2019 年 2 月第 1 版
印　　次：2019 年 2 月第 1 次印刷
开　　本：880 毫米×1230 毫米　1/32
印　　张：9.875
字　　数：171 千字
书　　号：ISBN 978-7-5207-0684-1
定　　价：68.00 元
发行电话：(010) 85924663　85924644　85924641

序　言

美国的零售业时隔百年，发生着巨大变革。

所谓 100 年前的大变革，是指 1916 年食品杂货店 Piggly Wiggly 开设店铺，引入了新的自我服务方式，即让顾客自己选择商品，放入购物篮或购物车，在收款处结账。之后，面对面的服务方式开始衰退，除一部分经营高额商品的店铺外，这种自我服务的方式得到了普及。

自我服务方式的出现，对之后的零售业产生了巨大的影响。

购物中心、超市、家庭用品商店、批发店、药妆店、便利店、廉价专卖店等各种销售模式出现了，成了零售业发展的原动力。

但是，进入 21 世纪，零售业又直面新的变革，这是由以亚马逊为首的网络销售的兴起带来的。

有人指出，虽然现在无店铺销售所占的市场份额只有 12%，但是随着网络销售的快速发展，将来将会扩大到 30%。日本也将达到 20%。2014 年亚马逊挤入美国零售业前十名，之后，持续快速发展，在不久的将来一定能跃居第二位，仅次于沃尔玛

（Walmart）。

随着网络销售的不断扩大，可以看到曾经是美国零售业主流的，如沃尔玛等折扣店、廉价专卖店的发展趋势中有了一丝阴影。其备货全、低价格的销售模式正逐渐失去吸引力。

关于备货，沃尔玛因超过15万种商品备货的绝对优势和一站式购物的便利而受到了顾客的青睐，而现在，亚马逊拥有远超其数量的商品。

关于价格，沃尔玛、廉价专卖店等通过每日低价、确保最低价格等低价格战略垄断了市场，而现在，因为顾客能很容易通过智能手机等在网上调查最低价格，以低于零售业的价格进行销售的亚马逊处于优势。

此外，沃尔玛为了实现每日低价销售，选择地租成本低的地方开设大型店铺，实行"缺乏便利性的开店战略"。而亚马逊等网络销售却能随时随地购物，为顾客提供了非常便利的环境。

无论是备货、价格，还是便利性，亚马逊都逐渐占据优势。折扣店（包括购物中心），以及经营家电、书籍、CD、玩具、家居用品、体育用品、宠物用品、休闲服、珠宝饰品等商品的廉价专卖店，随着亚马逊的发展都遭受了巨大冲击。

对此，零售业采取了强化便利性、积极开设小型店铺的对策。媒体经常以"大型店的消亡"来形容这种现象。

但是，我认为网络销售的发展，除了便利性、备货齐全、低价格等原因，还有购物的简单化、习惯化的原因。

　　网络购买，只要打开电脑或手机，随时都能链接销售网站，这使得购物习惯化获得成功。

　　日本的 7-ELEVEn 便利店也是一样的。

　　随着网络销售的发展，很多零售店衰退了，但是 7-ELEVEn 便利店却保持发展。这是因为除了店铺的便利性，购物的习惯化也是不可忽视的。

　　我认为，无论是亚马逊，还是 7-ELEVEn，激发顾客习惯性购物，让顾客形成"不去就不安心""还有未做的事"等依赖心理，这在很大程度上决定了他们的成功。

　　这与零售店的将来绝对有关系。

松村清

目 录
CONTENTS

第 **1** 章

理解 "习惯购买"

1 零售业的"习惯购买"

网络购物的便利性

日本经济产业省《关于电子商务的市场调查》（2013 年、2014 年调查）显示，日本和美国的网络普及率均已超过 80%，网络利用者每年购入的 EC（利用电子商务、网络和计算机等电子手段进行的交易总称）金额分别达到了 1164 美元和 1156 美元，并持续增加。日本和美国每年的 EC 利用率都达到了 87% 的高水平。

关于日本利用 EC 的原因，主要是价格、积分等经济方面的。第一大原因是"比实体店购买便宜"（64.1%），以微弱差异居于第二的原因是"网络购物可以不用考虑去实体店的往返时间、营业时间等"（63.5%），第三大原因是"有积分等优惠"（48.2%）。

而美国则更重视购物的"便利性"。第一大原因是"网络购物可以不用考虑去实体店的往返时间、营业时间等"（57.6%），第二大原因是"能购买到普通实体店不大经营的商品和服务（47.9%），第三大原因是"能通过搜索功能等很容易地找到想购买的商品"（45.9%）。

日本每千人的零售店铺数量是美国的 2 倍以上，店铺数处于超额状态。附近就有实体店这一实际状况使得日本人更关注经济方面的原因。但是，今后如果零售店被淘汰，或者数量减少的话，那么就和美国一样，其购物的便利性会成为网络购物的主要原因。

此外，在网上购入的商品也呈现出一定的变化。

日本总务省《2014 年版信息通信白皮书》显示，网上购买率较高的是 "CD/DVD/BD 类""书""小型家电"（见表 1）。而关于网络购买的商品，其中比率最大的是 "食品、饮料、酒类"，"医药、化妆品" 位居第五，可以看出，网络购买也渐渐渗透到了日常消费品领域（见表 2）。

表 1　网购及实体店购买的商品

品类	网购（%）	实体店购买（%）
CD/DVD/BD 类	35.7	32.5
书	29.0	44.2
小型家电	24.0	53.7
小型家具	13.6	56.7
衣服	12.4	60.0
大型家电	10.1	70.6
大型家具	9.6	62.9
食品	2.3	82.8

※日本总务省《2014 年版信息通信白皮书》

表 2 日本 EC 的购买品目（2013 年，商品销售系列）

商品	网购比率（%）
食品、饮料、酒类	55.2
书籍、杂志	48.8
衣服、饰品	43.8
音乐、影像软件	33.5
医药、化妆品	31.0
杂货、家具、室内装饰	30.8
电脑、手机及相关设备	28.8
生活家电	27.4
事务用品、文具	19.5
AV 设备	17.5

※日本经济产业省《关于电子商务的市场调查》(2013 年度)
回答条件：日本 EC 利用者

此外，在日本，先在实体店看好商品，然后在网上购买的"showrooming"也在不断增加（见表 3）。其中，书最多，超过30%，在实体店进行比较后再在网上低价购买小型家电、CD/DVD/BD 类等其他商品的顾客也在增多。

在美国，在实体店进行比较后再在网上低价购买者也占 40%以上，另一方面，在购买商品前，在网上比较价格的人也占 40%以上。熟练比较网上商品和实体店商品的购物达人在不断增加。

我在美国购买书籍时，也是先去附近购物中心的书店找书，然后在家里上网购买。因为网上比较便宜，也不用提拿重物。最近，该书店也倒闭了。在美国寻找实体书店变得越来越难。

表3 在实体店进行比较后再在网上低价购买的比率（按物品分类）

分类	实体店比较后再在网上低价购买的比率（%）
书	30.3
小型家电	26.8
CD/DVD/BD 类	22.0
衣服	16.8
大型家电	15.1
食品	12.4
小型家具	9.6
大型家具	5.9

※日本总务省《2014 年版信息通信白皮书》
※衣服包括靴子、饰品

不断习惯化的网购

那么，消费者在以怎样的频率利用网络销售呢？

日本经济产业省的调查显示，每月网购 1 次及以上的人（回答条件：该国 EC 利用者）日本约为 61%，美国约为 66%。每月购物 2~3 次以上的则分别约为 82%、84%（见表 4）。

表4 EC 的利用频率（2013 年）（%）

	每周购物3~5次	每周购物1~2次	每月购物2~3次	每月购物1次	每2-3个月购物1次	每半年购物1次	每年购物1次
日本	2.0	7.3	25.1	26.3	21.5	9.5	8.2
美国	6.3	13.2	24.5	22.4	17.6	7.9	8.1

※日本经济产业省《关于电子商务的市场调查》（2013 年度）
※回答条件：该国 EC 利用者

关于购买的地方，绝大多数是自己家里。这样，只要打开电脑或者手机，就能随时购买商品，非常方便。

我的妻子在旅美期间（我每年都分别在日本和美国居住半年），很多时候也在网上拍卖购买玩偶。她非常关注拍卖的走向，常常为了是否拍卖成功而或喜或忧。当然，她也经常在网上购买书籍、CD、家庭用品等。

购物行为一方面是因为对物品的需求，另一方面也是喜欢拍卖这种游戏般的感觉。在网上购物的行为日趋平常化。

此外，关于网络购物，消费者使用最多的是电脑，其次是智能手机、PHS 等。选择商品时比较花时间，但是由于能马上链接购物网站，所以消费者会频繁操作。

关于上网的时间，最多的是"2~3 小时"，其次是"1~2 小时""3~5 小时"。日本约 70% 的人、美国约 60% 的人每天会花"1~5 小时"利用各类电子设备上网（见表 5）。在美国，3~5 小时的最多。

表 5　网络利用时间（2013 年）(%)

	30 分钟以下	30 分钟~1 小时	1~2 小时	2~3 小时	3~5 小时	5~7 小时	7~10 小时	10 小时以上
日本	2.9	12.1	23.1	24.1	21.8	9.5	3.7	2.8
美国	1.4	4.2	12.6	18.8	25.6	18.1	11.6	8.0

※日本经济产业省《关于电子商务的市场调查》（2013 年度）
※回答条件：全体

似乎可以由此看到频繁上网享受购物乐趣的消费者。上网
购物已经成为习惯。

接受并购物的人增多

随着 IT 业的发展，消费者决定购物的过程也在不断变化。
一种新的过程产生了，那就是首先判断购买决定是否妥当，确
信后再购物。

以前，决定过程的理论依据是 "AIDA 法则"。

这是美国的 E. K. Strong 于 20 世纪 20 年代发表的表示购买
行动中顾客心理阶段的法则。如表 6 所示，购买行动经过 "关
心→兴趣→欲望→行动" 4 个阶段得以实现。

表 6 "AIDA 法则" 的 4 个阶段

阶段	内容
A＝Attention（关心）	对某商品或服务产生关心
I＝Interest（兴趣）	对此产生兴趣
D＝Desire（欲望）	产生想要拥有的欲望
A＝Action（行动）	转化为购买行动

取代 AIDA 法则的是 "AIDCA 法则"。

这个法则主要说明了直接市场领域的决定过程，如表 7 所
示，在 AIDA 法则过程上加了 "确信" 这一步。

所谓确信是消费者在购物前冷静地判断，想在价格便宜的

地方购买的心情的表现。这在实体商店的购买行为中也能看到。消费者追求的是确信自己选择得妥当。

这让店铺零售业的竞争越发激烈。因为，消费者购物慎重的话，对购买处的选择会更加严格。零售业必须以削减利润空间等方式，设定具有吸引力的价格。

表7 "AIDCA 法则"的 5 个阶段

阶段	内容
A＝Attention（关心）	对某商品或服务产生关心
I＝Interest（兴趣）	对此产生兴趣
D＝Desire（欲望）	产生想要拥有的欲望
C＝Conviction（确信）	通过网络等手段加以调查、确认
A＝Action（行动）	转化为购买行动

为了避免这种状况的发生，需要将购物习惯化。提供价格以外的、具有吸引力的条件，让顾客不用多考虑就光顾店铺。

这一时代的消费者分为"Smart、Now、Wow、Right"四类（见表8）。根据行业和店铺的条件，也有可能出现同一消费者具有多种性格的情况。

当然，零售业需要根据消费者的不同类型采取相应的对策。共同点是无论哪个类型都重视便利性。让购物习惯化的关键是强化便利性。

表 8　不同类型消费者的需求和零售业的对策

消费者的类型	Smart shopper	Now shopper	Wow shopper	Right shopper
消费者的需求	消费者持有足够的信息，追求最高的价值	消费者重视便利店，追求无压力的购买	关注氛围、备货、服务，追求完美的购物体验	希望倾听自己的意见，追求充分关注自己需求的满足感
零售业的对策	质量和价格的平衡	没有次品，易于购买的卖场	高质量的商品、丰富的备货、舒适的购物体验	把握不同消费者的需求，提供个性化服务

未能让顾客购物习惯化的零售业

网络销售不断发展，而购物中心、廉价专卖店却持续低迷。原因有两个。第一，备货齐全和低价格这两个武器随着网络销售的发展而逊色。第二，为了实现更低的价格而忽视便利性的战略引发了恶性循环。

为此，世界最大零售企业沃尔玛向"全渠道零售"发展，以推进便利性。目的是让顾客购物习惯化，提供随时随地都可利用的便利性。

美国第一位的药店沃尔格林（Walgreens）（2015 年因收购，成为沃博联）也一样。

四分之三的美国人居住在连锁店的 5 英里内，沃尔格林采取了"长时间营业、超过 2 万件的商品备货（网络销售达 20 万件）、网络订购商品可实体店取货"等"全渠道零售"的举措。

此外，梅西百货（Macy's）、塔吉特（Target）折扣店、家得宝家居用品店（The Home Depot）、Bed Bath & Beyond、玩具反斗城（Toys "R" Us）、百思买家电（Best Buy）等大型流通企业也在积极引入"全渠道零售"。

如果不能营造"任何时候、任何地方、任何商品"都可以购买的便利环境，习惯化是很难形成的，与消费者的距离也会越来越大。

美国消费者的"新潮流"

在美国，消费者也在改变。这支撑着网络时代的消费，促使零售店铺变革。我想指出以下特点。

① "Small is Big" 时代

美国媒体频繁使用"Small is Big"一词。使用背景是家庭构成、零售店等组织的小型化。

最大的变化是家庭人员的减少。

美国单个家庭人数由 1970 年的 3.2 人骤减为 2014 年的 2.5 人。此数字为历史最低，60% 的家庭由 1 人或者 2 人构成。有

18 岁以下孩子的家庭不过三分之一。由夫妇和 2 个孩子构成的、过去那种一般家庭正在逐渐消失。

现在的零售业和品牌代表企业，都是以拥有这样的传统家庭构成、在郊区持有自有房产的中流阶层为消费目标群体而发展至今的。"One Size Fit All"就是口号。

但是，家庭构成与 20 世纪五六十年代有很大不同，过去被作为目标群体的中流阶层的重要性正在逐渐淡化。

②逐渐增加的 "digital shopper"

今后，网上购物先在实体店看好商品，然后在网上以更低廉的价格购买的现象会增多，这点毋庸置疑。予以支撑的是出生于数字化时代的这一代人。

这代人从出生起就生活在网络、电脑的世界，俗称"新世纪一代"（1980~2000 年出生），数量占总人口的四分之一，约 8000 万人。已经在数量上超过了约 7600 万的"婴儿潮出生者"。

新世纪一代大多单身居住在城市，自己购物，是主要的消费群体。

关于食品，他们不会事先设定饮食计划，也不会一次大量购物。加热后可以立即食用的熟食、沙拉、食品杂货等"just in time shopping"方式是主流。

因此，从购买到食用的时间差比任何一个年龄层都短，20%的食品在购买后 2 小时内食用。

他们不会像父母那样在冰箱里储藏很多食品，一般都是当次选择，当次消费。他们的"少量""多次""自己""便利的方式"的购买行为迫使零售业变革既有的经营方式。

他们经济上的窘迫也带来了一定的影响。

过去，常认为新世纪一代可消费资金比较高，是支撑零售业发展的一代。但是，渐渐地不能期待了。因为年轻人薪水没有增加，而且还要还大学时代的教育贷款，不少年轻人经济负担较大。

因此，他们比较节约，熟练使用手机，在购买商品前会彻底调查在哪家店购买、购买哪种品牌。

此外，他们中最年轻的 16～19 岁的"iGen."（也称 Generation Z），大部分是学生，对于零售业而言是比较棘手的。他们选择店铺时显示了其独特性，对品牌并不在意，但对价格很严格，对技术的依赖性比较大。

某项调查显示，上网调查价格的人数占整体的 41%，但 iGen. 为 57%。他们对价格很在意，而不太在乎品牌。

③人口增加的城市，人口减少的郊区

城市和郊区的人口数发生了逆转。

以前，作为主要消费源的中流阶层都趋向在郊区居住，商业街、大型量贩店、超市、药店等都重点在郊区设店。但是，人口涌向都市，从过去 3 年的数据来看，美国的四分之三的城

市人口都有所增加。有孩子的家庭数也是城市比郊区多。

特别是单身家庭和居住于城市的家庭数量增加,他们关注的购物条件是快速性。

在这样的变化之下,零售业开始积极在城市开店。目标是适合都市的小型店铺。沃尔玛也加速发展近邻型超市和快速型店铺。药店也扩充了以食品为主的生活必需品,以吸引顾客平时光顾店铺。

但是,都市型店铺很难满足顾客对备货品种的需求。为此,利用由亚马逊、Instacart 等提供代购服务的城市消费者增多。

④"小篮子购物者"

婴儿潮一代结婚生子,移向郊区居住。他们的购物方式是母亲作为主要购物者购买家庭一周所需的物品。

但是,现在年轻(18~20 岁)的未婚者占 80%,由于出生率低,家庭人员数量持续减少。可以看到,新世纪一代、中老年者从郊区搬到城市,家庭的冰箱、食品柜小型化。减少每次购物数量的"小篮子购物者"在不断增加。

⑤多样化的消费者需求

除了约 8000 万的新世纪一代、老龄化的婴儿潮一代,还有不断增加的拉美裔的美国移民、LOHAS、近四分之一的单身一族、超过总人口 10% 的 LGBT(同性恋者、双性恋者、性别认定障碍者等)……由各类人群构成的美国消费者的需求也极具多样化。零售业的本土化（与所属商圈的需求相符）的备货方式、满足消费者需求的个性化服务越来越受到关注。

店铺复兴的关键是"习惯化"

对于零售店铺而言，不动产成本和人工费是确保利润的负荷。

不受这些成本制约的网络销售则转而降低销售价格，实现了低于零售店铺的低价格销售。成本构成的不同决定了价格战略。

与此相对，零售店铺回避与网络销售的价格竞争，凭借综合实力提高满意度，以重获消费者的支持。

例如，有这样一种倾向，13～27岁的一代和年青一代受到与朋友一起快乐度过，以及极具魅力的货品陈列的吸引，常常倾向于在店铺购物。很多中老年希望与工作人员有所交流，所以也经常在店铺购买。

据美国营销公司调查，选择在实体店购物的理由之一是购物环境和店员礼貌待客（如表9所示）。

重新审视消费者对实体店的需求，让消费者再度养成购物习惯，实体店就可以复兴。

表 9　选择实体店的原因

商品相关	想先看一下，咨询后再购买的商品	购买需要保鲜的商品、趣味性强的商品时
		购买刚做好的副食品、三明治、面包时
		购买专业性较强的商品，希望先咨询后购买时
		备货和陈列协调时
	即时使用商品	马上就可食用的状态
		比较紧急的商品
	想要购买的商品备货齐全	符合自己需求的商品备货齐全，马上能找到
		能买到喜欢的 PB 商品
	小容量、低价格商品	小家庭用的小型包装商品、可少量购买
		低价格商品在实体店购买比较便利
服务相关	面对面服务功能	可试吃、试穿、试用，能有新发现、新遇见
		不仅销售化妆品，还有专业人士化妆
		购买衣服、化妆品时，可免费进行个性颜色、骨架、肌肤诊断，获得商品建议
		提供礼品包装服务
		提供即日配送、即日设置服务
	问题解决服务	具有方便的退货、投诉体系
		售后服务完善
		所需商品可配货
店铺设施相关	吸引顾客光顾的服务	加入品牌体系
		提供 "积分" 和 "奖励性礼券" 等服务
		设置老人优惠日
		经常举办 "优惠促销" "万圣节促销" "圣诞节促销" 等活动
	迅速购买功能	因为是经常光顾的店铺，所以购物很容易
		通过店铺的商品陈列、店员提供的信息等，能高效选择商品（因为在网上收集信息很花时间）

店铺设施相关	兴奋感	商品陈列有季节感，举办当季活动，单单待在店铺就感觉很开心
		店铺如同一个社区，举办各种培训和集会
		有娱乐和放松的要素，能和朋友聊天、喝咖啡放松一下
		有豪华感
待客相关	消费者氛围	能体验到网络购物没有的"消费者氛围"
		有熟识的工作人员，可以稍稍聊会儿
		提供将商品搬运至停车场的服务
		发生问题时，能妥善处理，直至解决
	适当的建议	工作人员了解自己的喜好，能提供适当的建议，帮助选择商品
		关于使用方法等，能明确解答，并提供详细的商品说明
		能提供食材的美味食用方法和酒的品鉴方式的指导
		工作人员能坦率地告知商品的长处和短处
		能提供关于商品购买后的维护和使用方法的建议

2 什么是 "习惯购买"?

"习惯脑" 和 "判断脑"

记忆、思考、解决问题等, 这种外显性意识所进行的只是人类行动的极小一部分, 很大部分由隐藏在深处的无意识所进行。

关于这点, 尼尔·马丁的著作《"习惯购买" 的创设方法》(海和月社刊) 中的定义是, "'判断脑'是指认知大脑知觉到的东西, 并实行的意识。'习惯脑'是指大脑无意识处理的意识", 并指出了习惯的重要性。

简单地讲, 所谓 "判断脑" 是指逻辑性思考, 有意识的行动、判断。所以适合需要集中意识的行为, 一次只能做一个。

另一方面, "习惯脑" 并不是通过文字和语言的学习形成的, 只有通过经验的积累、行动和结果的反复关联操作才能形成。在这个过程中, 如果有对于结果的褒奖, 那么行动的习惯化就会加速。

因此, "判断脑" 会尽量将数次体验过的活动委托给 "习惯脑", 以减轻自己的负担。这样, 大脑比较轻松。因为 "判断脑"执行所有的活动是不可能的。

按照这样的说明，年长的消费者之所以想在熟悉的店铺购买熟悉的商品，是因为在其漫长的人生中使用"判断脑"数次重复同样的行为，最终这些活动都委托给了"习惯脑"完成。用"习惯脑"处理既方便又能得到一定的满足感。

此外，对于光临店铺的顾客，为了吸引其再次惠顾，店铺发放一些优惠券，两次光顾后，再发放优惠券，吸引顾客三次惠顾。如此反复发放，促使消费者光顾的话，习惯脑就会加快激活。

购物的习惯化需要 3 个月

所谓习惯是指日常反复的行为。

例如，门口门铃响了，主人就会快步走向大门。再如，通过人行横道时，当绿灯开始闪烁，行人就会加快步伐。

关于习惯，前面提到的尼尔·马丁在其著作中这样说道：

"人类的行动通过反复操作，在一段时间后会逐渐成为习惯。而且，一旦成为习惯，会对某个信号产生反应，无意识地活动身体。"

以前面的例子来看，通过行为的反复，当门口门铃响起或者绿灯闪烁时，习惯化的行为就会产生。

此外，他还说道，习惯化的行为即便不是频繁反复也不会消失，只要判断不参与就会产生，所以只要没有发生某些大问题，习惯性的行动就不会停止，越持续习惯化越强。

从购物行为来讲，如果在某个特定店铺的购物成为习惯，只要不发生特殊的事情，消费者就会持续地光顾该店。零售店需要形成让消费者习惯惠顾的机制。

此外，关于习惯化所需要的时间，学习、整理整顿、家庭收支记录等行动性习惯需要 1 个月，运动、戒烟、减肥等身体性习惯需要 3 个月，乐观思维、逻辑思考等思考性习惯则需要 6 个月。从我的经验来看，具有行动性习惯和身体性习惯两个侧面的购物行为，则需要 3 个月。

有这样的一个例子。

美国的某美容院，为了让新顾客在 3 个月内 4 次惠顾，发放了 4 次折扣券。其间，在来店 3 日后、3 周后、3 个月后的三个时间节点上，寄送邮寄广告，以促使消费者养成来店的习惯。

关于稳定客源的概率，从这个美容院的例子来看，与 3 个月内 1 次来店相比，2 次来店的概率为 4 倍，3 次以上来店的概率，则为 7 倍以上。

购物是 "习惯型行动"

消费者的购物行为大致可以分为两类。

一类是几乎不需要信息，反复进行的 "习惯型"；另一类是在购买奢侈品和趣味品时，收集信息，仔细考虑后选择商品的"熟虑型"。消费者购物行为的大多数是第一类的"习惯型"。

例如，在超市、药店、便利店等日常光顾频率较高的店铺中可以观察到的购物行为很多都是由"一直光顾的店铺""知名店铺""一直购买的品牌""便宜"等较为简单的原因产生的。这些都是"习惯型"的购物行为。

"熟虑型"的比率原本就很低，即便是"熟虑型"的购物行为，很多也都是出于"一直购买""有值得信赖的工作人员"等原因而习惯化了。

出于"开心""心情平静"等原因而反复光顾熟悉的餐厅也是因为"熟虑型"的购物行为习惯化了。

这样就可以明白"习惯型"的购物行为在消费者总体购物行为中所占比率之多了吧。

此外，从购买时间也可以看出"习惯型"和"熟虑型"的不同。

从我在主办药妆店研究会之前进行的调查来看，关于每次的购买时间，"熟虑型"利用较多的是百货商店，60分钟。与此相对，"习惯型"较多的是超市、药店、便利店，分别为30分钟、10分钟、5分钟。

关于期望的购物时间，想短时间内结束的人的比率，超市为75%、药店为82%、便利店为89%，无论哪个比值都很高。

大部分消费者不想在平日的购物上花费太多的时间。

结果,"习惯型"的购物行为增加了。

消费者会不断光顾对卖场布局、备货内容等较为熟悉的店铺。可以想象,对于销售食品、生活用品的店铺而言,习惯型的购物行为有多重要。

但是,即便想快点结束购物,是否满足一定基本条件是个重要的问题。

快速购物是期待的购物行为的必要条件,但不是充分条件。对于不能满足这个条件的商店和商品,消费者会将其从再次光顾、再次购买的对象中排除。

"程序型记忆" 形成习惯

与习惯有很大关系的是"记忆"。

研究表明,记忆可以分为几类。根据记忆的时间不同可以分为"感觉记忆""短期记忆""长期记忆"三类。

首先,通过掌管五感的感觉器官的信息,仅仅会记住数秒的,被称为"感觉记忆"。视觉信息仅有 0.5 秒。

将感觉记忆的信息保存下去的是"短期记忆"。感觉记忆的很多信息都被忘记了,只有大脑持有兴趣的信息才会作为"短期记忆"留存于大脑数十秒。

但是,能作为短期记忆保存下来的也至多 5 个。而且,一段时间过后，即便是已经记住的，如果不采取反复记忆等某个措施，就会丧失。

最终，通过反复记忆而留存的信息作为"长期记忆"留在大脑。人们常说"记忆力好、记忆力差"就是指这个长期记忆。

下面举个例子。

看到卖场的商品陈列或者电视节目，觉得"好吃""真棒""漂亮"等是感觉记忆和短期记忆。受到展示、当场演示销售、POP、广告等吸引而产生的冲动购买是因为感觉记忆和短期记忆受到了刺激。

与此相对，与习惯密切相关的是长期记忆。

作为短期记忆而留存的时间越长，或者信息越反复，越容易作为长期记忆留在大脑。消费者从长期记忆中获取信息，进行习惯性购买。

想让长期记忆和实际购买相关联，"让消费者想起""让消费者注意"很重要。例如，"酱油没有了必须去买""马上就是圣诞节了必须去买礼物"等。

此外，按内容区分，长期记忆可以分为大脑记住的"陈述型记忆"和身体记住的"程序型记忆"。所谓陈述型记忆是指记住较难的汉字、计算的方法等；所谓程序型记忆是指通过反复操作形成的记忆。

程序型记忆通过反复操作而形成，如筷子的使用方法、西服的穿法、刷牙方法、去公司的道路等每日习惯性进行的行为，以及自行车的骑法、滑雪的方法等。而且，记忆一旦形成，会自动发挥作用，并能长期保存。

在程序型记忆中发挥主要作用的是被称作大脑基底核和小脑的部分，程序型记忆这样就存储下来。

习惯一旦破坏，顾客就会有所行动

日常的习惯性行为与程序型记忆有很大关系。如前所述，因为程序型记忆是通过经验和行为的反复而形成的，一旦形成就会持续下去。如果好好利用的话，记忆就可以和购买相关联。

沃尔格林将不经常光顾、一次大量购买的顾客称为 "批量购买顾客"。因为一次购买的金额较大，所以对价格比较敏感，这样的客源很难稳定下来。

另外，将每个月光顾 6 次以上的顾客称为 "高频率顾客"。虽然每次购买的金额不如 "批量购买顾客" 多，但是每年的购物总额则是 "高频率顾客" 多。此外，"高频率顾客" 因为每次购买的金额不高，所以价格意识比较单薄，对店铺的利润贡献比较大。

实际上，"高频率顾客" 占消费者总数的 10%，其消费额占总销售额的 50%。每月光顾 6~14 次的顾客中的 56% 的人，药店只去沃尔格林。来店频率越高的顾客忠诚度也越高。

为此，沃尔格林以"高频率顾客"增至20%、每月光顾次数达8次以上为目标。通过增加来店次数、稳定程序型记忆等方式，沃尔格林让顾客习惯性惠顾。

人有各种习惯。早上起床后刷牙、吃早饭。上学或上班时走固定的路去车站。然后工作或者学习，到了中午吃午饭。下午3点左右喝杯咖啡，回家的路上去某个小酒馆喝上一杯。回到家后，沐浴洗澡吃晚饭。吃完饭看会儿电视，放松一下。然后在习惯的时间睡觉。

一天的活动，很多都是不经思考、习惯性地进行的。一旦形成习惯，行为会自动产生，而一旦习惯被破坏，就会很不舒服。

购物行为很多也是从经常性购买的商品中自动选择的。经常使用的商品成为一种习惯，在卖场当即选择，放入购物篮。

这样自动化、习惯化的购物无须花心思选择，所以消费者没有麻烦，店铺容易培养忠实顾客，真是难得。

沃尔玛的创始人山姆·沃尔顿认为创业以来30年位居世界第一的理由是"让消费者满意。万一不满意，任何时候都可以退款"。

以习惯脑和判断脑来讲，对购买的商品万一不喜欢了，就可以退货的这项服务，削弱了考察店铺和商品后再购物的判断脑的功能，而加强了不用多考虑就直接来店的习惯脑的功能。

因为习惯化的购物行为，顾客很少会转移到其他店铺或者品牌，所以这有助于确保营业额的持续增长和利润的增加。

让消费者购物习惯化

接下来谈一下让消费者购物习惯化的关键点。

① "距离上次购入商品的时间"和"来店频率"

那么，怎么才能让顾客购物习惯化呢？这主要由"距离上次购入商品的时间"和"来店频率"来决定。

Recency 是指离最后一次购买的时间，间隔的时间越长购物体验的记忆就越淡薄。为此，对于间隔时间较长的顾客，重要的是发送邮件和优惠券，给予其来店的契机。

最令人担心的是，随着时间的流逝，顾客对于店铺和商品的印象减弱，渐渐地就忘记了。走下坡路的店铺和企业就像轮胎逐渐漏气一样，经营状态慢慢恶化。很多店铺都没有注意到顾客渐行渐远，等到明白时为时已晚。

据洛克菲勒协会的调查，固定客户不来店铺的第一位原因是"没有特别的原因"（68%），第二位原因是"投诉没有得到正确处理"（14%），第三位原因是"去了其他竞争店"（9%），第四位原因是"顾客搬家"（9%）。第一位原因的占比与其他原因的占比差距显著。即便没有明确的原因，该店也不再浮现在顾客脑海，被忘记了。

如同处于恋爱关系的两个人，如果见面机会减少，相互间的感情就会淡薄，以致分手。店铺和商品也是一样的。如果不频繁联系、吸引顾客的话，店铺就会被忘记。

所以，提高来店频率的关键是积极提供使用频率较高的商品和服务。

沃尔格林提供各种吸引顾客光顾的商品和服务，除了强化鲜食（三明治、副食品、鲜切水果、蔬菜、店内用餐处、烘焙咖啡等）外，还提供康体和美容咨询，租借 DVD、设置 ATM、配备宅急送、网络购买商品后在店铺取货、各种贷款服务等便利。

②让顾客没有不满意

为了促使顾客习惯性前来购物，减少"顾客的不满意"是很重要的。因为顾客的不满意是阻碍习惯养成的最大原因。

顾客在综合判断商品、便利性、服务、氛围、价格等 5 个方面后选择店铺。各个方面的价值达到一定的标准后，购物习惯就能养成。

相反，如果让顾客感到不满意，习惯形成就会中断，顾客会重新寻找其他店铺和商品。也即，判断脑会因不满意而重新激活。

举个在我曾经工作过的可口可乐公司发生的事例。

1985 年 4 月，可口可乐公司发售了一种叫作"新焦炭"的商品。尝试改变消费者所熟悉的可口可乐味道的这一举措是该公司历史上首次。既有该公司成立 100 周年，也有竞争对手百事可乐紧追不舍的原因。

尽管在投资巨额费用，事前进行周密调查后发售了"这绝对能胜出百事可乐"的新味道，但是瓶盖打开的一瞬间，就遭到了所有美国消费者的强烈反对。

拒绝购买、示威、签名活动等反复进行，可口可乐公司的商品投入遭遇挫败。在销售 3 个月后，公司将原来的产品命名为"Coca-Cola classic"重新投放市场，而"新焦炭"产品则从市场退出。

失败的原因有两个：

第一，破坏了消费者的习惯。

市场调查时，由于没有说明消费者业已习惯的可口可乐的味道会撤出市场，所以消费者认为是追加新产品，才给予了较高的评价。但是，"以前的可口可乐"没有了，这破坏了消费者长年来已经形成的习惯。

第二，伤害了消费者的情感。

对于美国人而言，1886 年佐治亚州亚特兰大药剂师约翰·彭伯顿开发的，随着美国的发展一同发展至今的可口可乐，如同星条旗一样，是被寄予了深厚感情的存在。

可口可乐公司的经营者没有读懂美国人和可口可乐之间的

内在关联。

③购买不便会破坏习惯

店铺重新装修后，顾客就不来了。

包装更改后，商品就卖不掉了。

这是经常发生的状况。因为卖场变更而产生了购买不便，因为包装更改而产生了确认困难，这些妨害了习惯化行为的养成，所以会出现这样的结果。同样的事情，在日常生活中也可以见到。

例如，每天的上下班是一种习惯化的行为。但是，假如由于道路施工，一直经由的道路没法走了，那么就必须找到其他的道路，而之后，也会经常通过新的道路。

在超市，领取购物篮后，按照以往的顺序在商场内购物。但是，如果卖场布局变了，那么已经习惯的购物行为就会遭遇阻碍，购物变得不方便了，顾客就会远离。一直购买的商品断货的话，也会破坏习惯的养成。

如果习惯性的行为遭遇阻碍，大脑开始判断的话，那么顾客很有可能流向竞争店。顾客会开始冷静判断备货、价格、店铺氛围、待客等。

习惯化的好处有哪些？

对于店铺而言，让顾客形成习惯有很多优点。主要有以下

3 点。

①成为 "First Choice" 店铺

一旦形成习惯，在大脑开始判断前，已经习惯化的行动就会自然发生。

例如，想要购买特定的商品、品尝特定的美食时，会条件反射般地浮现出经常光顾的店铺，这就是 First Choice 店（第一选择的店铺）。

成了 First Choice 店，消费者就会主动光临。

②培养依赖心理，让顾客习惯性来店

人类在反复进行伴有愉快感和刺激感的行动时，容易习惯化，也即所谓的依赖症。

依赖症很多都被用于负面事项，比如酒精依赖症、赌博依赖症等。但是，每天不前往常去的店铺就会不安，这也是一种依赖症。

前几天在某电视节目中看到了一对年轻夫妇，当被问及"不希望丈夫做的事"时，妻子回答道："公司回家的路上希望不要去便利店，直接回家。因为丈夫一去便利店，就会买一些不需要的东西回来。"

这位先生其实患有便利店依赖症。虽然很理解妻子的心情，但是对于店铺而言，这类顾客增加，来店频率就会提升，店铺也会因顾客的光临而兴旺。

③习惯后就会以偏袒的眼光对待

美国心理学家罗伯特·扎因斯指出，"对于不认识的人，往往会持批判性的态度，比较冷淡。见面次数越多，好感越强"（扎因斯法则）。

有个词叫"移情效应"，见面次数越多，彼此的距离就越小，戒备的壁垒会消失。店铺也是一样的。来店习惯了、熟悉了，消费者就会对该店产生好感，并往往以偏袒的眼光对待。

7-ELEVEn 的习惯化对策

如今，日本的零售业中最为成功的当属便利店了吧。其中，7-ELEVEn 远胜其他的连锁店。那么，为什么 7-ELEVEn 如此兴隆呢？

我听过比较早的加盟店店主的谈话，也实际考察过相关店铺，认为 7-ELEVEn 之所以获得了这样的发展，其原因之一是积极采取对策让顾客购物习惯化。

对策之一是经营《周刊杂志》等杂志。7-ELEVEn 经营种类丰富的周刊杂志，为了让来店顾客更容易确认，在隔着玻璃的、外面就能看到的地方放置了样本杂志。《周刊杂志》是为了让顾客每周来店 1 次，可以说是作为"每周店铺"，让顾客养成每周光临的习惯。

此外，备齐各种饮料则是吸引顾客每周数次光临，通过强化早上、中午、晚上餐饮所需的米饭、面包、甜点等食品，让顾客每日数次来店，增强其 "小时店铺" 的特点。

另外，服务也大大扩充。通过导入 ATM 机、多媒体复印机、宅急送、书籍的免费调货、居民卡的副本发放等行政服务、票据的发放功能，免费的 Wi-Fi 设置、公共费用等的代收缴、预付款卡的销售、店内用餐区的设置、网络销售产品店铺取货等各种服务，扩大了顾客的来店动机。

现在，7-ELEVEn 已经成了以分钟为单位计算来店频率的店铺。每日 3 次来店的顾客绝不少。在极其狭小的商圈中，7-ELEVEn通过提高来店频率和购物的习惯化，持续扩充客源。

这样的举措进一步加速，7-ELEVEn 采取了送餐服务和推销等店外的习惯化对策。通过创设不仅仅是 "去购物"，而是 "店铺会上门服务" 的状态，让顾客每日和 7-ELEVEn 见面。

正如扎因斯法则所述，7-ELEVEn 形成了见面次数越多越有好感的状态，成功地让顾客习惯化。

因习惯化而发展的网络销售

据估计，美国的零售业之所以到 2020 年会持续以每年 4% 的速度增长，起关键作用的是网络销售。

网络销售在此期间将会扩大 4 倍。现在，无店铺销售的营业额只占 12%，但是随着网络销售的发展，据预测将来会增至 30%。

关于网络销售发展的原因，大多数人会指出"备货齐全""便利性""低价格"等，但还有一个很大的原因是习惯性。

很多人，无论是在家里，还是在办公室，都会使用电脑和手机。乘坐电车时也会玩手机，甚至有很多人会一边走路或者一边骑自行车一边玩手机。即便是坐飞机，也会在即将起飞前还盯着手机的屏幕，着陆后，只要可以使用的指令一发出，就会立即打开手机。外出时，比起忘记钱包和钥匙，很多人认为忘记手机更不得了。

操作手机等 IT 设备已成为一种习惯，陷入了依赖症的状态，这就是网络销售急剧发展的背景。

此外，网上购物时，由于不用从钱包支付现金，所以金钱感容易受到麻痹，购买单价也趋高。这和拉斯维加斯的赌场使用筹码进行交易，金钱感淡薄是一样的。

"顾客满意度调查"有用吗？

美国的零售业在 20 世纪 80 年代以后，为了提高顾客满意度，扩大了营业额和利润。即顾客满意度，通称 CS 热。

但是，论坛公司（Forum Corporation）调查表明，在 CS 调查中回答"满意"的顾客中有 40%，之后改变了以前购物的店铺和企业。此外，流失的客源中有 85% 对不再光顾的公司表示

"满意" 或 "非常满意"。

这样的结果表示，仅仅让顾客满意，未必能提高营业额和利润。

关于这样的结果，可以认为有以下原因。CS 调查容易产生偏见，不能真正明白顾客是否满意，容易忽视固定顾客的满意度。对于 CS 度较高的调查结果，企业会自满而忽视后期的努力等。

而且，CS 调查一般会出现较高的分数，这是因为如果顾客过低评价自己使用的商品和服务，这就会显得自己比较愚蠢。

但是，我认为，离开自己满意的店铺的一大原因是，购物的习惯出于种种原因受到了阻碍。店铺为了让满意度较高的顾客不离开，关键是要努力让顾客习惯性地来店。

习惯化的机制

我们每天反复的行为会成为一种习惯。无须每次确认各个细微的顺序，基本是自动进行的。如果没有形成习惯，那么大脑必须处理每天生活中所发生的各种各样的事情，我们的大脑活动会因此而瘫痪。

理解习惯化内在机制对于让消费者形成购买习惯很重要。

《习惯的力量》（*The Power of Habit*，讲谈社）的作者查尔斯通过动物实验搞清了 "习惯的循环" 的机制。具体说明如下。

20 世纪 90 年代，在美国的马萨诸塞州工科大学进行了老鼠实验，通过研究验证了习惯中枢的神经学的基本过程（见图 1）。

所谓习惯的循环由契机（Cue：唤起必要的行动的信号）、日常化（Routine：由契机引发的习惯性行为和思考）、报酬（Reward：对于行动等的结果给予的报酬）三项构成。契机和报酬关联好的话，期待和欲求就会被强化，从而形成习惯。

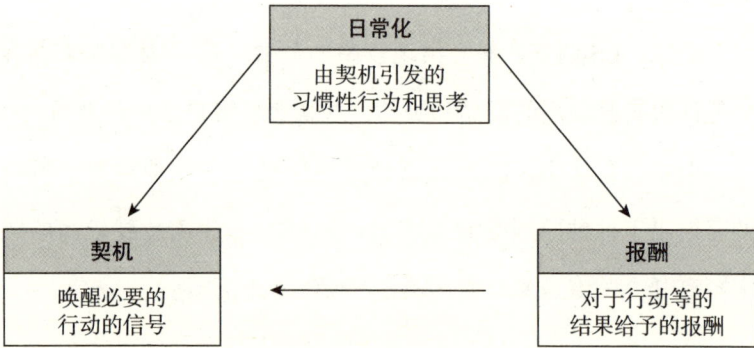

```
        ┌─────────────┐
        │    日常化    │
        ├─────────────┤
        │  由契机引发的 │
        │ 习惯性行为和思考│
        └─────────────┘
       ↙               ↘
┌─────────────┐    ┌─────────────┐
│    契机      │    │    报酬      │
├─────────────┤    ├─────────────┤
│  唤醒必要的   │ ← │  对于行动等的 │
│  行动的信号   │    │  结果给予的报酬│
└─────────────┘    └─────────────┘
```

图 1　习惯的循环

这个习惯的循环在商业领域充分发挥了作用。

19 世纪末至 20 世纪初，美国知名的广告撰稿人克劳德·C. 霍普金斯让刷牙习惯在美国扎根。以日本的零售业来讲，就是指便利店 7-ELEVEn 的成功吧。

第一，7-ELEVEn 的 "Cue" 是备齐每日生活必不可缺的商品和服务。

7-ELEVEn 备齐了从早上起床到晚上就寝所需的衣食住的各类商品，银行、行政服务、配送等服务的范围也广，已经成了消费者生活的一部分。这些便利的、各种各样的商品和服务的提供，给购物习惯的养成提供了契机。

第二，7-ELEVEn 的 "Routine" 是因时间和空间上的便利存在而形成的。

7-ELEVEn 基本是 24 小时营业，在全国范围内开设了近 2 万家连锁店。这让频繁利用有了可能。

而且，店面的设计、卖场、备货、待客、服务等都有一定的标准，这也促使了购物行为的日常化。对消费者而言，简单易懂的店铺构造降低了习惯化的难度。

第三，7-ELEVEn 的 "Reward" 指独自研发为主的美味食品、干净整洁的卖场、快速购物、充盈着好客氛围的服务等。

这些满足感在大脑中固定为购物体验，持续循环的作用确保了习惯的稳定。

第 2 章

品牌管理和评价比率

3 品牌管理促成习惯化

促成习惯化的"品牌管理"

行为的习惯化是大脑的合理作用，发挥它的作用可以创造很多商业机会。这点读者已经明白了吧。

那么，行为的习惯化需要哪些条件呢？其一是"品牌管理"。

消费者在需要购买某个东西时，为了让其自然地想起"First Choice（第一选择）"店铺，并习惯性地前往购物，最为重要的是对店铺的信赖。

首先消费者不会去难以信赖的店铺。为此，作为信赖的证据，品牌的确立和维持，即品牌管理很重要。

消费者对于信赖的关心度之高从其平常的行为中就可以看出。

消费者持有戒备之心，会经常调查店铺"值得信赖吗""会不会有不好的购物体验"等。前往餐馆时也会在网上调查其评价、顾客的数量和氛围等。

古希腊语有"ethos（信赖）""pathos（感情）""logos

（逻辑）"。

古希腊学者柏拉图的弟子亚里士多德认为，要改变对方的想法和行动，"ethos（信赖）""pathos（感情）""logos（逻辑）"等三点是必需的。

以店铺来讲，"pathos"是指店铺的氛围和待客服务，"logos"是指备货和价格。为了让顾客习惯性地来店，"ethos"最为重要。而培养信赖感的是品牌力。

品牌决定胜败

21 世纪，比起所拥有的资本和资产，企业的品牌力更能决定竞争的成败。因为支撑着企业发展的是消费者，消费者的信赖尺度是品牌。

一般来讲，即便价格略高，比起不知名的商品，消费者更愿意选择知名商品，比起没听过的店铺，更愿意选择知名的店铺。所谓"知名"就是指进行品牌管理，其存在受到认可。

消费者想要购买某个商品时，会条件反射般地浮现"去那家店"的店名。如果成为这样的店铺，那么顾客的来店频率就会增多，并形成习惯。对于消费者而言，如果有某个固定品牌，就无须调查店铺和商品，即可按照平常的习惯购物，非常便利。

而且，如果得到了一定的满足感，消费者会反复、持续地购买自己信赖的品牌，对品牌的好感也会提升。

品牌管理指什么?

所谓品牌(Brand)是指企业或商品产生的印象、价值。其词源是"Burned(烙印)",具体是指给自己饲养的家畜烙上印记,向周围的人表示所有权的行为。

美国的营销协会将品牌定义为"某个卖家的商品和服务的名字、用语、象征等特征,以和其他卖家相区别"。

一般所讲的品牌是无形资产,对企业而言,是指浸透在消费者的心理和行为之中的、难以用数字或形状表示的资产;对顾客而言则是信赖的指标。

一般认为,品牌具有"识别手段""信赖指标""使用价值"3个作用。

识别手段作为将店铺和产品区别于竞争对手的手段而发挥作用。在众多的店铺和商品中,消费者瞬间、准确判断自己所需要的东西是很难的。帮助判断的是品牌。

评价越难,消费者越会以品牌为标准判断质量。品牌名、品牌形象对知觉品质(消费者对店铺或产品品质的认识)产生影响,可以用来区分难以判定的店铺或商品。

品牌的第二个作用是信赖的指标。判断企业或产品是否值得信赖,需要获取和处理相应的信息,而品牌有助于减轻这方面的负担,弥补能力的不足。消费者可以不用判断,进行日常购物。

品牌的第三个作用是使用的满足感。这是品牌自身价值提供的满足感。

例如，开奔驰的人或携带赫尔墨斯包的人，仅拥有这些品牌就很有幸福感和优越感。而且，好的品牌形象有助于提高对店铺和产品的评价。

即便是习惯化的购买行为，消费者的选择也不仅受到价格和促销的影响，还受到品牌评价的影响。特别是作为识别手段和信赖指标的作用较大，越是具有好形象的品牌，购买频率就越高。

其典型是迪士尼。90%以上的回头率都是品牌管理的效果。品牌力越高，顾客忠诚度越高，对于品牌的品质评价也越高。结果就会产生反复惠顾的、强力的优质循环。

强化品牌所必需的

品牌的构筑和强化，重要的是创造"信用价值""使用价值""形象价值"。让我们看一下沃尔格林的例子。

第一的信用价值指树立正确的企业理念并为其实现而不断努力，由此营造对企业的信赖。

沃尔格林提出了"The Pharmacy America Trusts（开办受到美国国民和国家信赖的药店，为地区人类的健康做出贡献）"的企业理念，每日的营销也以此为指针。

沃尔格林将药店视作社会的基础设施，在遭遇地震、台风等自然灾害时，为了守护需要药等商品的消费者，持续营业。《纽约时报》对此称赞道"即便地球毁灭，沃尔格林也会照样营业吧"。

此外，如果曾光顾过店铺的患者去世了，沃尔格林会前往吊唁，根据其家庭的经济状况，取回其曾服用的药品和使用的其他商品，返还相应的资金。这是基于沃尔格林不想给死者家属增添额外负担的理念。

沃尔格林自1901年创业以来，通过这样的举措赢得了消费者的厚爱，持续发展至今，成了世界第一药店。

第二的使用价值是指光顾店铺、使用商品的消费者的满意度。使用价值越高信赖感越强，反之，如果使用价值低，至今为止构筑的品牌将会一举崩溃。

沃尔格林以"Well Experience（舒适体验）"为目标，创设了优质氛围的店铺，备齐了与商圈需求相符的商品，并热情接待每位顾客。对于结账完毕的顾客都会礼貌地说声"感谢您的惠顾"，并加上一句"Be well（祝您幸福）"，这也是创造使用价值的一环。

第三的印象价值是顾客对店铺和商品的印象，来自顾客感受到的欢心和安心。很多美国的优秀零售业提供"保证满意"的服务，如果顾客对购买的商品不满意，即便在使用后也能退货。而且，还有的企业制定了这样的规则，"不能向对自己而言最重要的人（母亲、妻子、孩子等）推荐的商品，立即撤出卖场"。

通过这些举措，消费者就能安心购物，对企业的印象价值也高。

品牌价值可提升业绩

品牌价值还有助于提升企业的业绩。

以前某商业杂志报道过，京都上市企业的经常利润增长率远远大于东京证券交易所的上市企业的平均值。其原因是京都企业持有的理念、哲学和原则。

京都企业的经营者因为经营理念比较稳固，经营的主轴没有偏离，即便在泡沫时代，也没有得意忘形，而是专注于自己的本业。这就孕育了高收益的企业机制。

美国业绩良好的企业也都认为，为了提升长期利润，"正确的企业理念的执行"是不可或缺的。

例如，受到全美尊重的知名企业理念是世界第一的健康管理公司的 J & J 的"我的信条"。在"我的信条"中，陈述了 4 个责任。

第一责任是"对消费者的责任"
第二责任是"对从业人员的责任"

第三责任是"对地区社会的责任"

第四责任是"对股东的责任"

J & J 经历的考验——"泰诺事件"表明了该公司对于企业理念的严正态度。

1982 年，J & J 开发的、市场份额占比最高的、叫作"泰诺"的镇痛剂中，被某人在超市注射了毒素，不幸的是，导致数人死亡。J & J 在事件发生后召开了紧急董事会，决定立即全面收回商品，并对受害者予以赔偿。

在美国很少有企业会承认自己的失误。因为之后的赔偿金额会很大。但是，该公司没有掩盖这个令人痛心的事故，也没有将责任推向他人。为了避免损失的扩大，我非常尊敬的、当时的董事长伯克每隔 1 小时召开新闻发布会，报告事件的发展，要求顾客不再服用泰诺，退回商品。据说，电视播报的商品回收通告和补偿高达 300 亿日元。

之后，经 FBI 的慎重调查发现，过失并不在 J & J。

即便如此也进行赔偿是因为其经营理念的第一条这样写道，"我们的第一责任是，对使用我们产品和服务的，以医生、护士、患者、父亲、母亲等为首的所有消费者的责任"。先不追究事故的原因何在，因为没能实践理念，所以决意收回商品并进行补偿。

为了筹集这些费用，该公司要求全世界的 J & J 职员予以配合，减少他们的奖金和薪水。职员们都积极响应。因为职员们也都认为不该逃避第一责任，应该实践理念，尽到责任。

由于该事件的影响，有人指出泰诺会退出市场，但是消费者高度评价了 J & J 负有责任感的善后行为，之后泰诺也一直占有较高的市场份额。J & J 也作为商界超强企业而提升了其品牌价值。

创造品牌的员工

1971 年，星巴克咖啡（Starbucks，以下简称星巴克）在华盛顿西雅图开设了公司。辞职后设立了其他公司的霍华德·舒尔茨，1987 年收购了工厂和店铺，将本是地方品牌的星巴克提升为全美品牌，并在世界上 60 多个国家开设了分店，进而发展为全球品牌。

关于星巴克（Starbucks）飞速发展的原因，舒尔茨这样说道："让顾客满意的关键掌握在和顾客直接接触的员工手中。如果员工对公司和岗位不满，顾客也不可能满意。因为员工的不满和牢骚会在态度和脸上显示出来，如果不能高高兴兴地工作，也就不可能为了顾客而努力。"

星巴克的企业理念有 6 个原则。其中，"提供优良的工作环境，相互之间保持尊重、品位"的对员工的责任被置于对顾客的责任之上。

其原因是如果员工对公司和岗位不满，顾客是不可能满意的。正是基于这样的考虑，才有了以上原则的设置。不能高高兴兴地工作，就不可能为了顾客而努力。这是舒尔茨的观点。

舒尔茨出生于纽约布鲁克林，家境并不富裕。父亲是蓝领，无论怎么努力工作，工资都很低。在父母每天的争吵中，舒尔茨度过了灰暗的童年。正是这样的出生背景，才让舒尔茨下定决心，"如果自己成了公司经营者，一定要改善员工的生活"。

星巴克员工自信地说道："我们提供的不仅仅是咖啡，而是最美味的咖啡、用心的服务，以及被称为'Starbucks Experience'的舒适氛围。"

星巴克设定了善待员工的经营理念，员工自身提高了品牌价值。

通过重铸品牌，更新印象

美国全食公司（Whole Foods）提出了品牌重铸的新战略。

2008 年的雷曼事件后，全食公司的客源不断流失，业绩低迷。顾客对其美食超市的印象比较深刻，"美食＝价格高的超市"的印象在消费者中广为流传，加之经济不景气，以致客源流失严重。

为此，该公司采取了重铸品牌和战略转换的举措，从美食转向健康食品。主要内容如下：

● **对消费者的承诺** 明确对消费者的承诺，在店头打出了"提供安全安心的物品和服务""考虑到对环境的影响""对地区社会做出贡献"的信息。

● **对健康的高要求** 提出"对于不健康的、非可持续的商品，一律不销售"，对质量高要求。

● **引入营养评价体系"ANDI"** 对果蔬、食品、饮料等商品分等级标注。得最高分——1000 分的是羽衣甘蓝和豆瓣菜，橘子 109 分，面包 25 分，最低的是碳酸饮料，得 1 分。这些都在卖场明确标注。

● **对饲育状况标注等级** 根据对家畜饲育状况的调查，标注等级为 1~5。最低的 1 级是"撤掉了木箱和栅栏，可自由奔跑的环境"。最高的 5 级是"用有机饲料喂养，在良好的环境中饲育，并且一直在同一农场"。

● **备齐美国农务厅认可的 HBC 商品** 从选择有机类的 HBC 商品（健康和美容）开始，提出"今后只经营经过美国农务厅等正式认可的 HBC 商品"。

● **导入改善饮食生活的计划"health starts here"** 因为某个企业导入了这项计划，并在短期内消除了众多员工肥胖、高血压、高胆固醇的不良状况，所以导入了卖场。

● **启蒙正确的饮食生活** 开办以孕妇、年轻母亲为主要目标的育儿俱乐部，举办面向单身者和孩子的料理培训。此外，设置了面向儿童的"儿童厅"卖场，指导孩子正确的饮食方式。

●**对环境的关心**　导入 food mileage。销售对环境影响低的当地果蔬，委托满足本公司要求的地方企业生产产品。减少食品运输距离，让当地农家和企业充分发挥功能，实现自产自销。

●**为社会可持续发展做贡献**　调查本公司经销的鲜鱼的捕渔量。停止销售濒临灭绝的鱼类，并在店铺内出示公司自己设定的可持续标准标识。

●**导入环保标识**　对于洗涤用品等家庭用品，出示环保标识。为了让消费者一看就懂，环保标识区分为绿至红 4 个级别。

在这些战略之下，美国全食公司赢得了消费者的信赖，并保持着良好的业绩。

4 促使顾客主动来店的"品牌影响力"

提高"品牌影响力"的 3 个要点

人在需要某个东西时，会条件反射般地想起某物。

例如，想喝啤酒时会想起"朝日舒伯乐"，跌倒手部擦伤时会想起"创可贴"，去便利店时会想起"7-ELEVEn"……

如果能马上想起固有的商品和店铺，那么这些品牌就已深入人心，品牌影响力较高。

沃尔格林为了能成为消费者在需要时立即能想起的店铺，实施了获取消费者信赖的"My Walgreen"战略。

例如，精心设计的电视广告、地区慈善活动的积极参与、全国范围内巡回展开的健康咨询活动、印有本公司名字的冰箱贴、赠送日历等活动。这些都是沃尔格林为了提高销售份额而采取的举措。

此外，在网上进行顾客满意度调查，对于协助调查的顾客，每月以抽奖的方式给予最高 3000 美元的奖励。这项调查的目的不仅是在倾听顾客心声的基础上提高服务水平，也是激发顾客参与规划的意识，让其成为忠实的消费者。

提高品牌影响力，有 3 个要点：

①数次反复

正如心理学家扎因斯所指出的"熟知性法则"那样，数次反复后就会记住。如果附近有 4 家以上店铺，那么就会自然记住。集中设店也是为了扩大品牌影响力。

②信息尽量简洁

企业发出的信息越简洁越容易被记住。一个很好的例子，就是耐克。正如该公司提出的"Just do it"那样，由三四个单词构成的信息容易被消费者记住。

③诉诸感情的信息

以故事的方式或者比喻的方式、诉诸感性的信息容易留下印象。因为记忆和感情密切相关。企业积极做出社会贡献也是期待这一效果。

品牌影响力和 CSR 经营

正如沃尔玛"每日低价战略"所表述的那样，20 世纪，为了在竞争中获胜，关键是要"物美价廉"。

但是，到了 21 世纪，要求具有社会存在价值，并考虑到对地球环境和社会环境影响的 CSR（Corporate Social Responsibility）经营备受关注。

CSR 经营要求承担 3 个责任。第一是"经济方面的社会责任"，即确保利润和企业的稳定发展。第二是"地球环境方面的社会责任"，即降低二氧化碳排放量、环保物流等。第三是"社会环境方面的社会责任"，即确立企业伦理，进行企业管理。

沃尔玛通过 EDLP 提供物美价廉的商品，负起"经济方面的社会责任"；通过提高再生能源的使用率、降低尾气排放量，负起"地球环境方面的责任"；通过销售有助于保护环境的、有利于维护农场劳动者健康的、使用有机栽培棉的服饰等，负起"社会环境方面的社会责任"。

此外，美国全食公司仅销售获得海洋管理协会认证的水产公司捕捞的鱼类产品。沃尔格林设立利用太阳能、风力发电的店铺。

集中力量提高品牌影响力

如果有一个或两个显著特征受好评，其他特征也就会引人注目了。这样的意识活动，在心理学上被称为"光环效应"。

美食杂志上经常会介绍颇受顾客好评的中国餐厅。如果挑刺的话，就该问问："那些评价好吃的人，是在吃过该店所有的料理后做出的评价吗？"

实际上，不过是烧麦、炒饭等部分食品好吃，但是由于印象非常深刻，所以评价"那家店好吃"。

正如这个例子所表明的那样，为了提高对店铺的评价，比起将所有的料理都做得好吃，还不如通过招牌料理获取顾客的好评，这样在时间上、成本上更有效率，也更有效果。

品牌影响力也是一样的。

为了提高品牌影响力，与其开设整体均达到平均水平的店铺，还不如做出一样不输于竞争对手的商品。这将会成为与竞争对手一较高低的武器，也能给顾客留下深刻的印象。而且，还有弥补不足的效果。

孩子的教育也是一样的。与其各科取得平均成绩，不如在某门功课上胜出他人，这样更容易培养自信心，能促使孩子挑战其他科目，以达到所有科目的进步。在一门科目上领先他人，就能让老师和同学刮目相看。

美国消费者调查报告显示，消费者选择店铺的第一理由是"信赖"。而信赖是由以下 5 个价值的综合评价所构成的（见表 10）。

表 10　构筑信赖的 5 个价值

价值	主要构成要素
商品价值	优质商品、备货齐全、上架合理、无断货
便利性价值	优良选址、长时间营业、快速购物
服务价值	亲切待客、咨询服务、满意保证、配送服务
氛围价值	让顾客惊叹 Wow！轻松的购物氛围、整洁、整理整顿
价格价值	正确的价格标识、价格合适、价格标识清晰

第一是"商品价值"。根据商圈内的需求，备齐优质商品。商品陈列让顾客容易寻找、容易拿取、容易购买。没有断货状态。

第二是"便利性价值"。选择对顾客而言便利的地方开店，在顾客需求的时间段内营业（长时间营业），顾客能快速购物。

第三是"服务价值"。待客亲切，站在顾客的立场咨询指导。制订保证顾客满意的制度，提供送货和配货服务。

第四是"氛围价值"。让顾客从五官上感受到购物的乐趣，轻松的购物氛围，整洁、整理整顿。

第五是"价格价值"。正确的价格标识，价格合适，价格标识清晰。

在所有方面都取得较高分的话，时间和成本就会很大。但是，如果 5 项都是平均分，就不会给顾客留下深刻印象。

因此，美国的优质企业有效利用"光环效应"，做到"1Best、1Better、3Average"。在 5 项价值中，1 项价值远超他人，还有 1 项价值略优于竞争对手，剩余 3 项则达到业界平均水平以上，以给顾客留下印象。需要注意的是，如果剩下的 3 项价值中，有 1 项居于业界平均水平之下，那么其他项目也会被看低。

表 11 是具有代表性的连锁店采取的措施。

表 11　美国优秀零售连锁店的重点战略

企业名	1Best	1Better	3Average
沃尔玛（Walmart）（DS）	价格	商品	便利性、服务、氛围
家得宝家居用品店（The Home Depot）公司（HC）	商品	价格	便利性、服务、氛围
沃尔格林（Walgreens）（Dgs）	商品	便利性	服务、氛围、价格
美国全食公司（Whole Foods）（SM）	商品	氛围	服务、便利性、价格
斯图·伦纳德（Stew Leonard's）（SM）	氛围	商品	服务、便利性、价格
诺德斯特龙（Nordstrom）（百货店）	服务	氛围	商品、便利性、价格

※DS：折扣店　　HC：家庭用品中心　　Dgs：药妆店　　SM：超市

　　沃尔玛确保价格价值最强，商品价值较好（备货等的综合性），剩余 3 项居于平均值以上。

　　该公司在价格价值方面拥有绝对优势，但在服务、氛围、便利性等方面则处于平均水平。关于价格价值，在 9 个项目中有 8 项保持最低价格（见表 12）。

　　家得宝家居用品店（The Home Depot）公司备齐了修建房屋的各类商品，其质量受到专业人士的认可，成为美国第一的家庭用品公司。

　　沃尔玛的处方药占据全美市场 20% 的份额（以片数统计为基础），所有店铺都开设网络销售，并有 14 种语言的服药指导，其专业性出类拔萃。

美国全食公司为了确保食品的安全，让顾客放心，设定了高于法律基准的严格品质管理条例，如果条件不满足，连畅销品 NB（国际品牌）也不会经销。

表 12　美国的主要业态、连锁店的价格比较（美元）

商品	沃尔玛 (Walmart) (DS)	塔吉特 (Target) (DS)	沃尔格林 (Walgreens) (Dgs)	CVS 药店 (Dgs)	西夫韦 (Safeway) (SM)	拉夫 (Ralphs) (SM)
吉列 刮胡膏	1.97	1.97	3.49	2.99	4.29	3.99
Nature made 维生素 E	4.46	3.99	8.49	7.59	8.29	9.99
可口可乐	3.50	3.75	4.69	4.39	4.50	3.79
邦迪 30 枚	2.54	2.64	4.29	4.29	3.79	3.89
锐致牙刷	2.97	3.37	3.99	3.97	3.87	3.69
锋隐致 顺动力 剃须刀	8.94	8.94	12.49	11.99	11.99	14.99
护舒宝 卫生巾 16 片 (生理用品)	2.77	2.99	4.29	3.99	3.79	3.79
潘婷 (洗发水)	6.49	6.49	7.99	7.78	7.49	7.79
露得清	2.44	2.49	2.99	2.99	3.49	3.49

※DS：折扣店　HC：家庭用品中心　Dgs：药妆店　SM：超市

而且优先销售离店铺 7 英里以内的签约农家的蔬菜，推荐对健康有利的自产自销。这样对环境有利的有机商品比例较高，便得到了 LOHAS 的强烈支持。

斯图·伦纳德超市的购物环境非常卓越，让人惊叹。店铺外侧有小型动物园，店铺内有动物木偶唱歌跳舞。

百货商店诺德斯特龙则以待客方面的绝对优势吸引消费者。

例如，如果去买鞋，必定会为顾客准备 3 双以上试穿，以选到最为合适的鞋。对于坐在椅子上试穿鞋子的顾客，必定会膝盖触地弯腰服务，并与顾客视线相对。店内的钢琴现场演奏满足了顾客的精神需求。

通过视觉、听觉提高品牌影响力的方法

诉诸听觉、视觉的方法，大致可以分为 4 个。

①通过企业广告积极宣传

见到的次数越多，对该企业的信赖度也就越高。广告界不断做广告、发宣传单也是一样的。

最近的电视广告很多也是关于企业的。沃尔格林在电视中宣传了其如何有助于健康生活。

"在销售商品前，先销售企业的信赖感。"可以说，这才是提高品牌影响力的有效战略。

②用"印象歌曲"进行品牌管理

某药妆店内播放的背景音乐，很多当地居民都熟知。实际

上，当你问及当地人，谁都听过。

在其他的药妆店，则创作了男孩子或女孩子形象的人偶，受到当地居民的喜欢。

以前，可口可乐公司播放"舒爽、可口可乐"的音乐，很流行。如果人们能够随口吟唱，那么企业或者品牌的名字就注入了消费者的大脑，就能提高品牌影响力。

③从冰箱开始入手

料理、零食、饮料、冰块等，很多时候都会用到冰箱。而且，很多家庭在频繁开闭的冰箱门上贴上了磁铁式的备忘录。

看到消费者这样的使用方式，药店 CVS 向顾客派发了写有"CVS 药局"的冰箱贴。

沃尔格林也在每年 12 月前后向消费者分发印有各月常见疾病预防小知识、写有连锁店名字的日历。

每天都接触到连锁店的名字，就自然会记住，品牌影响力也会提高。

④环保袋和马克杯

开设 4 家超市的斯图·伦纳德作为为地区做出贡献的优秀中小型连锁店，曾在华盛顿白宫受过表彰。店内连日顾客爆满，作为世界第一企业被载入吉尼斯大全。

这家斯图·伦纳德超市做出了一项有趣的尝试。只要发送在旅游胜地和该公司的购物包一起拍摄的照片，将其中几张张贴在入口处，就能领到一笔奖金。

在旅游景点携带购物包的消费者形象正显示了该公司的品牌影响力之高。消费者本人也会留下旅行的美好回忆。

另外，Trader Joe's 和美国全食公司则销售环保包，让顾客使用。携带环保包行走的顾客本身就是一座移动的广告塔，品牌影响力自然也会提高。

在餐饮业中，星巴克销售印有连锁店名的马克杯，通过增加顾客在自己家里或者办公室看到的机会，提高品牌影响力。

诉诸内心的品牌影响力的提高方法

①积极展开"顾客满意度调查"

大型超市克罗格（Kroger）在网上进行顾客满意度调查，对于协助调查的消费者，每月抽出 40 名，赠送相当于 100 美元的礼品卡。

拉夫（Ralphs）超市对在调查表中填入发票上印有的店铺号、购买时间、结账服务人员名字等内容的顾客，以抽奖的方式奖励 100 美元。因为在问卷调查时，需要填写名字、性别、年龄、住址、电话号码、家庭人员构成等信息，所以这一举措不仅能提高品牌影响力，还能获取顾客信息。高级超市 Bristol Farms 对于填写发票上印有的调查号码，并进行评论的顾客，如果一个月内再次光顾并购买 10 美元以上的商品，给予立减 3 美元的奖励。

此外,沃尔格林、塔吉特、家得宝家居用品店、劳氏(Lowe's,住宅改建、生活家电)、Bed Bath & Beyond 等代表性的企业也在积极进行顾客满意度调查。倾听顾客的心声,改善服务,通过让顾客参与管理规划的方式,培养忠实顾客。

这些举措强化了企业的存在感,提高了品牌影响力。

②只有"第一"才能留下深刻印象

棒球比赛也罢,高尔夫比赛也罢,夺冠者能给人留下深刻印象,第二位以下的参赛队和参赛者给人的印象则不深。参赛选手们说"除了冠军以外,大家都一样。因此必须获胜",也正是出于这个原因。

在商业领域,第一或冠军产品会给人留下强烈印象,因此是提高品牌影响力的有效方式。沃尔玛的价格低廉、家得宝家居用品店受专业人士认可的备货就是很好的例子。

③对学校的赞助

我一位美国朋友的妻子热衷于收集洛杉矶高级超市 Gelson's 的发票。问及原因时,她回答道,Gelson's 正在举行"发票金额大于 20 美元,将给指定学校捐款 1 美元"的活动。

美国公立学校因州教育预算的减少而陷入教材不足的困境,非常希望得到家长经济上的援助。Gelson's 通过活动不仅提高了营业额,也提高了在地区居民中的影响力。

④用积分为社会做贡献

拉斯维加斯最大的酒类折扣店 Liquor store 根据消费者消费金额的大小返还一定比例的积分，顾客可以用这些积分，向美国代表性的慈善福利团体，如美国联合基金会等进行捐款。4000 积分抵 50 美元，2000 积分抵 25 美元，800 积分抵 10 美元，400 积分抵 5 美元。

很多公司采取了积分活动，其中很多消费者想通过积分对社会做出一定的贡献。特别是老年人，为社会做贡献的意识较高。因为利用积分为社会做贡献的零售业较少，所以 Liquor store 的举措给当地居民留下了深刻的印象，也提高了自身的品牌影响力。

第 **3** 章

让消费者习惯来店的
"4E" 战略

"4E" 战略对抗网络销售

对于不断发展的网络销售，零售实体店广泛流传"网络是价格竞争、实体店是 CS（顾客满意度）竞争"的观点。

其背景是，使一站式购物成为可能的零售业的"备货齐全"和地区最低价格的"每日低价"的成功战略不再适用于网络销售。

因此，沃尔玛和沃尔格林等既存的零售业开始转向"4E"战略，这才是让顾客重新习惯光顾的关键所在（见表 13）。

表 13　让顾客习惯来店的 4E 战略和 12 项举措

4E 战略	12 项举措
Everywhere Everytime （无论何时、无论何地）	• 居民区附近开设店铺、快速购物 • 促使顾客提高来店频率的机制 • 比亚马逊更便利（全渠道零售）
Engagement （约定）	• 心灵的纽带（接待、咨询） • 备齐符合顾客需求的商品 • 老顾客计划
Experience （良好的购物体验）	• 便于购买的卖场 • 让人激动的卖场氛围 • 综合解决店铺
Exchange （提供有价值的商品）	• 让顾客感觉划算的价格战略 • Wow! 价格 • 促销

5 Everywhere Everytime（无论何时、无论何地）

为了让顾客习惯来店，当消费者感到需要购买东西时，在附近、在任何时间都能购买的便利性就是必需的。如果这些难以实现，消费者就会感到不方便，所以也不会反复利用。"Everywhere Everytime（无论何时、无论何地）"是促使顾客习惯光顾的重要条件。

以前，零售业认为"顾客会来店"，大力推进的是"布局、货架分配、促销、大量陈列、相关陈列、咨询销售"等购买对策。

但是，现在美国的零售业着重于特卖宣传以外的揽客对策，提供包括购物以外的服务在内的，让顾客主动来店的各项服务。如果顾客不光顾，那么营业额就为零，但是如果顾客光顾，就有可能购买商品。

Everywhere Everytime 的主要对策是：①居民区附近开设店铺、快速购物；②促使顾客提高来店频率的机制；③超过亚马逊的便利性。

居民区附近开设店铺、"快速购物"

小商圈和短时间购物

网络购买也有不方便的地方。从订购到收到商品还需要花一定的时间，抓住网络销售的这个弱点，采取将商圈和店铺小型化、提供零等待结账服务、送货到家服务、24 小时营业等措施长时间营业服务的零售企业不断增加。

沃尔玛将 10 分钟商圈缩小为 5 分钟商圈，提出了新型小商圈化的方针。其连锁店超过 8300 家。从计算来看，美国四分之三的人居住在其店铺的 5 英里之内，因而提供了就近的购物环境。

沃尔玛的 CEO 马克·劳尔提出"缺乏便利性的小型零售业开始崩溃"，其非常重视购物的便利性。这表明，为了让顾客习惯来店，便利性非常重要。

为了强化便利性，沃尔玛采取了以下措施。

● 积极开设 1200 坪的 neighborhood 和 400 坪的 express（与 neighborhood 统一店名）等小型店铺。

● 网上购买商品店铺取货服务 "site to store"。

● 在网上订购后，2 日内配送服务 "ship from store"，订购商品当日在店铺取货服务 "pickup today"。

● 与便利店 Format 联手尝试提供网上订购的商品在免下车

式购物店取货的服务。

世界第一零售业——沃尔玛强化了以前未太重视的便利性，以促进消费者习惯性光顾。

提高顾客来店频率的机制

小商圈的实体店需要通过备货提高顾客的来店频率。

以食品销售为主的超市，以健康、美容商品销售为主的药妆店等，如果继续以前的销售方法，顾客只有在需要既存商品时才会来。这种显著倾向尤见于药妆店。

为此，广泛经销日常生活所必需的商品和服务，扩大来店目的，提高来店频率的战略就显得尤为重要。药妆店正采取强化食品类商品等措施。

强化食品类商品的药妆店

美国的药妆店开始强化食品类商品，蔬菜、水果、家常菜，三明治、寿司、酒、冰激凌、饮料、烘焙咖啡等，即开设了销售食品的门类，并设置了店内用餐区。

药妆店廉价销售卷纸，其结果是消费者家里囤积一多，来店频率就可能减少。但是，食品，特别是即食商品的消费速度较快，家里也不可能囤着，所以顾客可以保持较高的来店频率。

沃尔格林为了让消费者在需要健康用品和生活用品时想起沃尔格林的名字，打出了"我的沃尔格林蓝图"的口号。

原来采取以 HBC（健康和美容）为主力的商品战略，但是因为行业之间竞争加剧，所以宣布通过食品强化将战略转换为 HBD（健康、美容、每日生活）。

强化食品类商品的举措数年前就在全美的药妆店范围内展开了，现在前台的销售额（除了配方药以外的区域），食品和 OTC 药一样接近 30%。

这样的备货方式可以说是药妆店的复古。

20 世纪 40 年代，药妆店在市中心开设，除了具备主要的药房功能以外，还有便利店（经营牛奶、面包、鸡蛋、蔬菜、水、饮料、酒、报纸、杂志等商品）、美容院（二楼设有美容功能，让美国女性养成化妆的习惯）、快餐类餐馆（经销可口可乐等饮料、咖啡、快餐，沃尔格林开发的牛奶加砂糖和鸡蛋混合而成的冷饮等食品）等功能食品的销售额也占 30% 左右。

之后，在八九十年代，由于受到其他的经营方式，特别是沃尔玛等折扣店、综合商店等的冲击，药妆店经营开始以健康和美容商品为主。

但是，由于油价的上涨、时间观念强的人增多、老年人的增多等，消费者希望在附近就能一站式购物的需求越来越高，小商圈的竞争也越来越强，所以药妆店就再次强化食品类商品，以提高顾客的来店频率。虽然有所发展，但也是一种经营复古。

纽约曼哈顿的药店、段瑞德（Duane Reade）的华尔街店也是强化食品类商品的知名店铺。

该店在历史性建筑 "华尔街 40 号" 的二楼设店，卖场面积为其连锁店中最大，达 2000 平方米。销售健康用品、美容用品、杂货、食品等，并在荧光屏上投影股市信息，设置报刊销售柜台、擦鞋柜台等，提供商业街特有的服务。

健康用品，除了处方药、OTC 药外，其他连锁店的店内诊所多安排高级护理师，而该店的店内诊所则配有医生。

在经营美容商品的专柜，除了销售化妆品、护肤品等，还设置了美发美甲沙龙，提供头皮按摩等服务。有的甚至引进了 "Find Your Look" 设备，使用该设备，通过在脸部图像上填充各类化妆模式，顾客能比较容易选择适合自己的化妆品。

在食品销售柜台，面向繁忙的公司职员销售寿司专业人员制作的盒装寿司，并设置了鲜榨果汁摊。除了提供家常菜、冷冻食品、零食、水果、啤酒、葡萄酒等，甚至出售星巴克为揽客而提供的现磨咖啡，也配置了食用简餐的店内用餐区。

段瑞德的华尔街店具备了药店、便利店、简餐、美容服务等功能，可以说，创设了一种新型药店。

让顾客来店目的多样化

来店目的多样化也能吸引顾客经常光顾。举几个例子。

①店内用餐

最近很多美国的超市在店内设置了用餐区，让顾客能在店内食用三明治、寿司等。由于无须支付在餐厅用餐需支付的15%~20%的小费，而且价格适中、味道好，所以很多顾客会在店内用餐。

办公室工作人员一天大约喝3杯咖啡。为此，星巴克等咖啡店很兴隆，但现在，超市、药店也提供现磨咖啡，因此咖啡店客源流失。

②简餐

瑞典的宜家在大约40个国家设店，是世界最大的家具专卖店。

由于消费者购买家具后很难会重新置办，所以来店频率为每年3~5次。但是，宜家的顾客来店频率却特别高，原因就是简餐的提供。

我美国朋友的妻子会每周几次带孩子去宜家。只是，光顾的目的不是购买家具，而是宜家提供的1~2美元的早餐和4美元的午餐。当然，顺便也会买回一些喜欢的家具和家庭用品。

在会员折扣店好市多（Costco），支付1美元50美分就可买一个热狗加一杯咖啡。午餐和晚餐时间，前来购买热狗的顾客增加，当然顺便也会在店内购物。

③DVD 租借

在美国，叫作 "Red Box" 的 DVD 租借设备很受欢迎。超市、药店、便利店、折扣店等人多的地方都有。只要输入自己的住址、电话号码、信用卡号等信息，就可在近 500 部电影和游戏中，以每日 1 美元多一点的价格租借自己喜欢的电影或游戏。因为频繁更新新作，所以回头客不少。

④洗衣服务

添置洗衣服务的超市和药店在增加。

洛杉矶的超市、Bones 的部分店铺也添置了洗衣服务。该店是兼具药店功能的综合店铺，除了食品，还经营处方药、OTC药、化妆品、家庭用品等，日常生活必需品可一站式购齐。为了完善服务，还设置了美容院和干洗店。

特别是干洗店，与 DVD 租借一样，需要两次来店，所以也能提高顾客来店频率。

⑤加油站

美国人每周给汽车加一次油，所以很多店铺都设有加油站。设有 5 台加油泵的好市多一直会有汽车排队加油。

⑥银行

美国的超市，很多都入驻了有工作人员服务的银行。对于想贷款又忙于工作的人来讲，3 点前后就关门的市中心银行是很不方便的，但营业至深夜的超市内的银行就很方便。

对银行而言，比起在市中心开店，在超市内设店更节约成本。而且，市中心银行的顾客几乎都是既有顾客，但是在超市购物的消费者很多人都没有银行账户，因此银行能发展新顾客。

⑦网上购买商品的提货

很多店铺提供在网上购买商品、实体店提货的服务。消费者既可以免去配送费，也不用在家等待。对店铺而言，不仅来店顾客增加，还能带动店内商品的销售。

⑧电动汽车的充电站

在美国，购买电动汽车的消费者在增加，沃尔格林、好市多、沃尔玛的部分店铺已经配置了充电站。这与添置加油站一样，通过配置汽车所需的基础设施，吸引顾客经常光顾。

⑨Wi-Fi 设置 & 手机充电服务

随着智能手机和移动终端设备的普及，网络环境的提供又成为吸引顾客光顾的手段之一。

店铺内设置 Wi-Fi 的星巴克、麦当劳中，很多顾客都是以上网为目的前来的。免费提供充电服务的店铺也在增加。

⑩提供干净的洗手间

美国百货商店的洗手间是很干净的。药店、超市也将洗手间收拾得很干净。

以前，为了防止偷盗行为，零售业拒绝提供洗手间。但是，随着人口老龄化的发展，不能使用洗手间的店铺让老年人敬而远之。

美国的星巴克因为可免费使用洗手间，所以吸引了很多顾客。可见，干净整洁的洗手间也成了吸引顾客光顾的手段。

⑪其他

此外，在美国，店铺还引入了 ATM、配送服务、复印、液化石油气销售、复制钥匙、瓶罐回收、上映电影、眼镜修配、美容、美甲、诊治、按摩、秘书箱、邮寄、公共交通票务销售等各种功能，以吸引顾客光顾。

提供来店优惠

这个虽然不是购物的必要条件，但提供来店优惠也能吸引顾客经常光顾。

①提供来店积分

很多零售业机构都引入了积分制度，根据顾客消费金额给予相应的积分。作为选择店铺时的一个条件，积分制度也有助于提高来店频率。

但是，一位消费者使用的积分卡平均为 8 张，因为顾客根据积分卡的优惠选择店铺，所以最近已不能期待短时间的揽客效果。因此，新导入的是来店积分的赠送。

在美国，使用来店赠送积分应用软件 "Shopkick" 的店铺增多。打开手机上的应用软件，进入店铺，店内设置的机械扫描后就能获取积分。

导入"Shopkick"系统的其他店铺也能使用，所以百货商店、折扣店、廉价专卖店、大型商场等店铺的导入也在不断扩大。获取的积分可以兑换礼品卡或者商品，也能用于捐款。

日本家庭报纸订阅率在降低，附加广告的作用也在降低。因此，应以今后作为主要购买力的40岁以下的顾客为主，通过该年龄层使用较多的手机，赠送来店积分。

某家电专卖店在入口处设置了赠送来店积分的设备。只要打开手机上的应用软件进入店铺就能获取积分的"乐天 check"也被不断导入超市、便利店、药店等经营生活必需品的店铺。

由于"乐天 check"附赠可在日本最大的网络销售商"乐天市场"使用的乐天超级积分，所以对于网络一代，利用价值较高。

同样，在手机上下载应用软件，去加盟店就可获赠来店积分的"手机积分"软件也被导入家电量贩店、专卖店、购物中心等店铺。

来店积分服务在促销成本评价方面也颇受关注。

来店积分的积分费用由店铺负担，但是由于费用的产生与来店顾客数量相关，所以效果测定比较简单。为了避免一些顾客仅为了获取积分而反复来店，店铺设置每周或者每月赠予积分的上限，以控制促销成本。

②承担部分油费

在美国，由于油价高涨，消费者来店频率减少，倾向于在家附近购物。

拉夫超市为了降低油价的影响、维持来店频率，推出了一项新举措。积分卡中每 100 积分，在合作方的壳牌加油站加油时，可以每加仑抵扣 10 美分。

③提供顾客适合的折扣券

提供与顾客的购买特点相符的折扣券也是促使购物习惯化的一个方法。在药店 CVS，消费者来店时只要扫描顾客的会员卡，就能根据顾客的购买倾向发放商品的折扣券。顾客需要购买时，折扣券的利用率也高。

④咖啡的免费提供

Trader Joe's 超市一直顾客盈门。纽约市曼哈顿店铺中，在等待结账的队伍末尾，员工手持标牌引导顾客，非常热闹。该店颇具人气的原因之一是试吃区的免费咖啡服务。一边喝咖啡一边愉快购物的顾客非常多。可以说，这也是为了提高顾客来店购买率而提供的优惠之一。

⑤宾戈抽奖券

在芝加哥开设超市的 Jewel-Osco 向光临的顾客发放与宾戈游戏相似的用绘画文字排版的抽奖券，向中奖者提供商品或奖金。

⑥再次光临抽奖券

在全美开设店铺的餐饮业 California. Pizza. Kitchen 为了在淡季吸引顾客再次光顾而发放了抽奖券，一等奖是 3000 美元，即便没有中奖也会赠送用餐 9 折优惠券。因此，很多顾客会再次光临。

比亚马逊更便利

全渠道零售功能的导入

智能手机和 SNS 的普及大大改变了零售业接待顾客的方式。

由于虚拟世界和现实世界的无缝对接，无论在哪儿，顾客都能买到所需的商品，也即迎来了"全渠道零售"时代。

Multi 的意思是"很多的、多种的"，Omni 的意思是"统括的、综合的"。先前的零售业将"Multi Channel（实体店和网络销售并行）"推进一步，开始转向"Omni Channel（店铺、网络、手机、SNS 综合活用）"销售。

以前的"Multi Channel"实体店和网络销售并行，对消费者而言不够方便。与此相对，将实体店和网络店统一起来的"Omni Channel"则为消费者提供了最为方便的商品选择和购买方式，即可以在店铺确认商品，在网上支付购买、取货、退货，在网上订购店铺商品等。

而且，"Omni Channel" 的一大优点是可以在店铺取货。沃尔格林和沃尔玛都提供在店铺取网上订购商品的服务。利用网络和店铺两者顾客的购买额以及由此产生的利润，是仅光顾店铺顾客的 3 倍左右。

2014 年亚马逊跻身全美零售业前十名，以沃尔玛为首的美国大型零售业加速了手机对策。

其中，先行开始手机对策的沃尔格林将数字化作为企业战略之一，2011 年收购了专门销售日用品和化妆品的网络经营商 Dotcom，正式开始全渠道零售。

该店在手机上提供店铺位置、店内地图、商品、陈列地方等信息，提供 "Refill by Scan（扫描一下需要补充购买的处方药药瓶的条形码就能在店铺订购）" "Quick Print（在应用软件上选择所拍摄的照片，让最近的店铺复印）" 等服务，以减少顾客在店铺等待的时间，并且配备了药剂师、美容咨询师等专业人士提供咨询服务。

强化购物的便利性

店铺的便利性也是决定购物习惯化的条件。店铺功能、备货、服务对提高便利性很重要。

<店铺功能的便利性>

①卖场标识要清楚

在手机等应用软件上提供店铺地址、卖场导购图的零售业在不断增加。如果是大型店铺，寻找商品所在地很难。因找不到而放弃购买的消费者很多。通过提供店铺和卖场的信息，以购物太费力为借口而拒绝来店的顾客重新光顾。

②迅速应对的结账服务

对于繁忙的顾客而言，在结账处等待是个很大的麻烦。导入新的结账系统和运营方法，消除或缩短等待时间，可以吸引繁忙顾客光顾。

● 有 3 位顾客排队，就追加结账窗口

如果顾客在排队结账，却有结账窗口关闭，这会让想早点结完账的顾客感到急躁，也会给顾客留下不方便的印象。如果队伍排到了 3 位顾客，就应该追加结账窗口。必须贯彻这样的管理原则。

● 导入自助结账系统

在日本，导入自助结账系统的店铺也在增加。结账自助化，可以节约店铺人工费用，并缩短结账时间。在美国，以沃尔玛为首的超市、药店正不断引入该系统。

● Scan & Go

在新英格兰和纽约等东海岸开店的超市 "Stop & Shop" 导入了被称为 "Scan It" 的自助结账系统。顾客用扫描仪扫描商品，在另外设置的专用结账机上支付显示的金额。结账时间缩短，所以有望提高便利性。

③汽车进入式商店

在美国，不用下车就能取处方药的汽车进入式服务很受好评。这本是沃尔格林向麦当劳学习以让老年顾客感到更便利而尝试的一项举措。

但是，开张后发现，老年顾客喜欢在店内购物，汽车进入式服务的利用率并没有想象得那么高，反而是带着小孩子购物的家庭主妇和繁忙的工作人员利用得比较多。营业额因此提高，汽车进入式商店的处方药销售占整体的三分之一。

在美国，很多店铺在入口处进行流感等疾病的预防接种。其中也有汽车进入式商店开展隔着窗口给乘坐人员预防接种的服务。

④网上购买商品的提货服务

● **Site to Store**

这是指顾客在网上购买的商品在指定店铺提货的服务。对于顾客而言，可以节约配送费；对于店铺而言，能吸引顾客的习惯性光顾。顾客在提货的同时顺带购买商品。

● **Web Pickup**

沃尔格林提供网上订购的商品 1 小时内打包完毕，在停车场提取的服务。

<备货的便利性>────────────

①快餐食品

销售餐饮的超市在增加。提供刚做好的三明治、寿司，切好的蔬菜、水果，鲜榨橙汁，刚泡好的咖啡等，在店内设置用餐区域，提高饮食需求方面的便利性，以吸引顾客光顾。

②小包装或散装商品

可以按需要的数量和金额购买的坚果、点心等小包装食品很受欢迎。美国全食公司正在开展"No，Bulk Buying（为什么要买袋装商品呢，吃不完就会有浪费，散装称重的销售方式没有浪费）"活动。按顾客需求设定包装数量的方式也有助于顾客来店频率的提高。

③Cross MD（以适当的数量、价格向市场提供满足消费者需求的商品）

在美国的超市，肉类和鱼类销售区必定会放葡萄酒，经常可以看到顾客一并购买。对于容易忘记购买的很多老年顾客和繁忙的人来讲，Cross MD 是一项贴心又方便的服务。

最近，将一般位于调味品区域的塔巴斯辣酱油放在披萨和意大利面食柜台的店铺增多。两处的销售比例为 3：7，和意大利面食和比萨饼放在一处的销售更多。

此外，温度管理不同的清凉饮料和冰块也常常需要一齐购买，所以在常温饮料销售区域，很多时候会见到贴有"不要忘记冰块"的宣传告示。

④综合陈列

宜家设有将厨房、起居室、卧室等室内整体搭配的样板展示区域，着力于使消费者有布局印象和提供解决方案。

此外，药店设有糖尿病专区，将检查器械套装、消毒药，营养均衡的食品、点心，护肤霜，脚步护理用品、袜子等陈列在一起，提高卖场的便利性。

⑤批量定制

很多消费者需求与自己体形相符的商品、与自己喜好相符的食品。

某服装店，只要支付一些额外费用，顾客就能从 40 多种样式中选择定制与自己体形相符的牛仔裤。也有餐馆可以根据顾客的喜好定制料理。

符合顾客独特需求的服务提高了便利性。

<服务的便利性>

①配货服务

如果因为不经销某种商品，就拒绝顾客"我们没有这样的商品""不巧卖完了"的话，顾客就会被网络销售抢走。现在很多店铺都提供配货服务，48 小时内提供商品的店铺也在增多。

②便利性增加的处方药店

● 所有分店联网

美国药店的所有分店都联网，能进行药历管理，所以能在所有店铺购买处方药。在 15 分钟内完成调剂，不让顾客等待。

此外，药店还逐渐开始导入处方药的自动贩卖机。消费者只要输入自己的处方号码，就能取处方药。这个设备多设置在机场、车站、购物中心、大型企业的办公室等人多的地方。机器附带的电视屏幕上还有专业药剂师的指导。

● **处方药的再次订购（补充）**

美国药店利用智能手机提高处方的便利性。消费者希望开具同一处方时，一般以打电话或发短信的方式，也可以用手机扫描处方药瓶的二维码追加订购。由于这样的方式不会有误，而且需要时还可配送到家，所以顾客很方便。

● **处方药的购买记录**

在美国，4月进行纳税申告。很多处方药都可抵扣税金。在药店等地方可以打印一年的处方药购买记录，所以对纳税者而言很方便。很多顾客都为了省去申告的麻烦，而在一家店铺集中购买。由于处方被妥善管理，所以消费者不用担心处方出错。

③一站式购物

在一个地方购齐所需物品的一站式购物是节约购买时间的必要条件。例如药店提供店内诊断、开处方、预防接种、OTC药、健康辅助商品、美甲、头发配套用品、化妆品的美容服务等。随着食品和生活用品的导入，药店提供健康、美容和每日生活用品的一站式购物服务。超市则提供食材和店内用餐的餐饮一站式服务。

④儿童托管服务

韦格曼斯食品超市（Wegmans）在监护人购物期间提供儿

童托管服务，以提高购物的便利性。

⑤无声咨询

只要输入症状，就能代替药剂师开具处方的 "Solo Health" 机器，测量足部展示合适鞋垫的 "Foot Mapping" 设备，展示涂上口红后的模拟形象的 "Find Your Look"、"Q & A POP"（记录各个季节顾客的典型问题和回答的 POP）等便利的设施和咨询服务让顾客很欢喜。

⑥向导服务

研究表明，顾客在药店的平均时间为 7 分 30 秒。为了方便顾客在有限时间内高效购物，很多店铺都提供了卖场和商品的向导服务。

⑦提供社交活动区域

为孩子的生日、地区的集会、老年人的聚会等社交活动提供场所，也为顾客来店提供了契机。

⑧预约购物

超市提供一种称作 "layaway" 的预留欲购商品的服务。消费者支付订金和手续费就可在一定时间后付完尾款取货。

6 Engagement （约定）

零售业实体店的经营战略正从以做广告或促销的方式强调价格优惠，向与消费者构建心灵纽带转移。

心灵的纽带

网络销售很难培养忠实顾客。那是因为网络销售虽然可以通过便捷的购物环境，提供廉价的商品，但是由于没有人的介入，也就无法发挥人的作用。与此相对，实体店铺则可以在人的作用发挥方面大有作为。

社会越向老龄化发展，人与人的纽带关系就越重要。也有一种说法认为，老年顾客是营业员带来的。很多店铺设置老人日，通过提供购物帮助、老年人折扣以及茶饮服务等手段，以求和老年顾客加深纽带关系。

赢得顾客青睐的企业，都有两个共同的特点。那就是"Solution"和"Hospitality"。

"Solution" 是指对于顾客的需求或者是持有的问题提出解决方案。"Hospitality" 是指对顾客的热情招待。

近年来,"Hospitality" 显得尤为重要。因为在物资充裕的社会,顾客的购买行为很大程度上是由商家与顾客的情感距离所决定的。

"Hospitality" 与 "回报法则"

一般认为,"Hospitality" 有提高营业额、利润,以及与其他店拉开差距的作用。

据说沃尔格林是在 "Hospitality" 方面比较优秀的店铺,和一般标准店铺相比,其营业额与营业利润会分别高出 30% 与 5%。

我主持的药妆店研究会对日本 23 家药店进行了 "Hospitality 效果调查"。调查发现,强化 "Hospitality" 对策的店铺,在客流量、销售额上,分别有 50% 和 32% 的增加,效果显著。而且,顾客的投诉减少至三分之一,被盗窃数也在锐减。

加强 "Hospitality" 对策,新顾客就会变成回头客,并通过口碑为之宣传,对服务满意的顾客就会给商店带来各种回报。相反,"Hospitality" 做得不好的店铺的顾客就会渐渐稀疏,在某些时候还会产生谣言,店铺经营会慢慢惨淡下去。这就叫作 "回报法则"。

在这个想要的东西都可以买到的时代，消费者就是上帝，他们会青睐殷勤接待自己的店家，而对慢待自己的店家，不会有任何留恋，断然离去。

以前，以大约300个老年人为对象，就"选择店铺的原因"与"不再前往的原因"做过调查。结果显示，关于之所以"选择店铺的原因"中，"服务差"没有列入前三位。但是，从"不再前往的原因"来看，所有行业都将"服务差"这一因素排到了第二位（见表14）。

表14　老年顾客"选择店铺的原因"与"不再前往的原因"

业种、业态	选择店铺的原因		不再前往的原因	
超市	第一位	距离近，方便	第一位	品质差，不新鲜
	第二位	品种丰富	第二位	服务差
	第三位	价格适当	第三位	品种少
服装专卖店	第一位	有品位	第一位	不符合自己的审美观
	第二位	品种丰富	第二位	服务差
	第三位	质量好	第三位	品种少
餐馆	第一位	美味	第一位	不好吃
	第二位	价格适当	第二位	服务差
	第三位	氛围好	第三位	氛围不好

这个结果表明，老年人群体将店铺的热情待客视为理所应当，如果店铺忽视这点，顾客就会留下不好的印象，也不会再光顾。

下面举一个段瑞德药店的例子。

2001 年 9 月 11 日，世界贸易中心遭受了史无前例的恐怖袭击。段瑞德药店店长决定收拾商场的货架，把店铺改造为紧急救护站。因为当时曼哈顿地区的医院人满为患，无法再收治新的受伤者。

当时，关于会不会再次遭到恐怖袭击，或者会不会有毒气袭击的谣言四起，事态非常紧急。遭袭后的 3 天，该店很多员工纷纷参与救护援助活动，不眠不休，并自发地进行献血、为受害者募捐等活动。

电视采访问及救援活动会持续到何时，店长明确表示"只要有需要，就不会停止"，这让人印象非常深刻。这些从业人员"为了地区"的强烈责任感无意识中推动着他们的行动。

由于沃尔格林、CVS、来爱德（Rite Aid）纷纷设店，曼哈顿地区药店之间的竞争异常激烈。然而，纽约市民更愿意支持段瑞德药店。这家店的生意也就一直很红火。

但结果，这家属于投资团体的段瑞德药店被沃尔格林高价收购，不过由于很受纽约市民们的喜爱，所以至今仍沿用段瑞德的名字。

这可以说是"回报法则"得以巧妙运用的绝好例子了。

"Hospitality" 是友好服务

所谓友好服务，并不是指熟不拘礼的接待，而是像接待最好的朋友那样，诚心诚意不带任何硬性要求的亲切服务。

在日本，消费者对四季酒店、The Ritz Carlton、威斯汀和 Park Hyatt 这样的外资宾馆的服务评价都很高。虽然价格昂贵但服务令人满意，所以入住者络绎不绝。

我有时也会去，发现虽然在设施和供餐上没有太大区别，不过服务上的差距还是很大的。在登记入住时，员工用亲切的微笑迎接顾客，并根据季节与时间送上恰到好处的问候。而且在登记入住的同时，开始称呼客人的姓名接待，这才是友好服务。

"Hospitality" 的本质是友好服务。为此，"SGNATC"（称为"立刻领会"）的贯彻普及是不可缺少的。

①S = $ mile （微笑）是"安心感的通行证"

微笑（smile）是给予顾客安心感的通行证。

在美国，"smile" 故意写成 " $ mile"，那是在教导员工灿烂的微笑带来营业额与利润。"商人"应该是"微笑的人"。

名为芝加哥牛排馆的餐馆，是全美国最顶尖的牛排餐厅，总是顾客爆满，很难预约用餐。

这家店的牛排确实很好吃，但他们的微笑更是无人能敌。当问及店员如何才能有那样灿烂的微笑，他们告诉我非常有趣的练习方法。

自己的笑容看上去怎么样呢? 本人很难了解。于是，在这家店里，员工之间相互寻找 "你最棒的微笑"。如果发现了最灿烂的微笑，就拍下那表情，然后自己练习以经常显露出那样的表情。我不由得赞同这种做法。

灿烂的微笑，有两个要点。第一是 "嘴角上扬"，第二是 "眼睛微笑"。

不善微笑的人，嘴角会下垂。那样的人，将圆珠笔横置与上下牙间，再将罗马字母 "E" 的发音延长至 "1" 的发音，嘴角就上扬了，不妨一试。

有意识地用眼睛微笑也很重要。亲切的目光，就是眼角微微下垂的微笑状态。眼角下垂，嘴角上扬，就能持有灿烂的微笑了。

另外，边回忆快乐或好笑的事边练习会更有效果。因为快乐，所以自然流露出笑容，反过来也一样，微笑也会让心情愉快。这真令人不可思议。

②G＝Greeting（问候）是 "交流的通行证"

有这样一句话："若是将问候始终如一地贯彻，生意一定会兴隆。"也有这样一句话："懂得问候的人不会有不幸。"然而，难道不正是自己的疏忽，才导致自以为是地接待客人或敷衍问候等情况的发生吗？

顾客对某家店铺有这样的投诉。

"一进这家店就能听到 '欢迎光临' 的招呼声。但是，因为员工边工作边问候，并且没有正视顾客，所以感觉是敷衍了事。即使走在过道上，同一员工在每次相遇时都会说'欢迎光临'。但是屡屡听到便不胜其烦，感到厌恶。"

这个投诉，让人深切感受到正视对方的脸，并郑重问候的重要性。

在店里购物的人是为商品和内心的温暖两方面买单。问候，无疑是"交流的通行证"，但即使嘴上说"欢迎光临"也无法构成交流。

为了充满诚意地问候，美国的零售业非常关注顾客的回应。

日本的迪士尼乐园也有员工在入口处问候，"早上好！请慢走"。于是，顾客也非常自然地回应，"早上好！我走了"。

因为顾客比较腼腆，一般情况下是不会主动和员工搭话的。即使员工问候"欢迎光临"，也不能回应"欢迎光临"，交流就会中断。

但是，若是员工能够按照时段（早上好，下午好，晚上好……）和时令（天气真好啊，今天很闷啊……）区别问候，顾客也就更加容易回应。

只要加以问候就可顺势展开交流，使交流变得简单。交谈、询问过的顾客购买率会变高，也很可能变成常客。

③N=Name（姓名）是"（提高）亲密感的通行证"

姓名是世界上最动听的名称。

一流的销售员在商谈中必定会提到顾客的姓名三次以上。并且，在分别之际再一次叫对方的姓名，致以离别的问候。

一般人稍微努力一下便能够记住大约 200 人的姓名，但是美国的家庭餐馆中的一家因为有能记住 1000 位顾客姓名的店长，从而发展成生意十分兴隆的店。

因顾客服务而有名的 The Ritz Carlton，有被称作 "服务三步骤" 的服务理念，规定在顾客来宾馆和退房时的问候，尽可能称呼顾客姓名。

但是，对于初次见面的顾客反复称呼其姓名的话，会让人感到过于亲密而反招戒备，所以有必要引起注意。还是在几次会见之后再称呼顾客姓名比较明智。

④A＝Action（灵活地处事）能够 "触发感动、感激"

无论商务还是待客，既有按照手册指示就可完成的固定事务，也有按照手册不能完全完成的不固定事务。

固定事务要求干事麻利。忙的时候，处事不够简练会让顾客焦躁，相反，利索的办事方式则会让顾客感到爽快。

顾客都不喜欢在结账处等待。如果结账处排起了长队，那么就有那么多的顾客购买商品即将离开店铺，也有那么多顾客没法入店。顾客等待的时间越长，对店铺服务的印象就会越差。

对仅以服务质量为评定标准的诺德斯特龙（Nordstrom）的一线员工们来说，唯一明确的要求就是要懂得随机应变，根据自身判断择取最优的解决办法（Use Your Best Judgment）。此外，再无其他。

另外一家位于洛杉矶叫 Horton & Coverse 的小型药房的"Yes I Can（我能）"服务，在当地很出名。即便是面对顾客提出的一些近乎无理的要求，他们也会说"Yes I Can"，并尽力满足。

在沃尔格林、来爱德、CVS 等大型药店激烈交锋的地方，这家小型药店得以幸存的原因就是"Yes I Can"服务。

这项服务的一个最好实例是"调货服务"。

Horton & Coverse 最大的门店也不足 90 平方米，店面可谓相当狭小。当然，顾客需求的商品也并不都有库存。因此，这家店里贴着"有任何需要的东西请告诉我们，我们很乐意为您调货"的告示。然后，第二天上午 10 点前，商品会直接从批发商那儿送至顾客手中。以上就是其经营模式。

不仅如此，顾客间甚至流传"有困难就去 Horton & Coverse"的说法。凡是其他店以"没有经营"为理由拒绝的，到了 Horton & Coverse 都会迎刃而解，消费者对此很信任。调货成功的顾客会心怀感激，对商品也不会讨价还价，这确保了店铺的盈利。如果有请求月底统一付款的客人，还可以先行记账消费，需要的话还可以提供快递服务。

有趣的是宣传单刊载的商品脱销时的处理办法。

宣传单刊载的商品即便售罄之时，也不会说 "已经买完了" 来拒绝顾客，而是回复 "Yes I Can"。之后，如果顾客同意，他们就会等价向顾客提供与以上商品等同的品牌产品。这是一种 "Substitution 制度"（代替品提供）。此外，还有一种 "Rain check 制度"，就是对于已过优惠时限的商品，只要已进货，顾客仍可以优惠价购买。

⑤T = Thanks（由衷的感谢）是 "吸引顾客再次光顾的关键"

许多以自助服务为主的店铺里，收银台是顾客与服务人员唯一的接触场所。零售业是通过回头生意盈利的，而决定顾客是否再次光顾的关键是顾客和员工接洽的收银台。

如果顾客最后在收银台产生了不愉快的心情，即便是再舒适的购物环境、再好的备货和低廉的价格，顾客也不会再次光临了。相反，如果顾客觉得购物愉快，他们就很有可能再次光顾。因此，收银台就成了能否给顾客留下良好印象的决胜场。

美国商界普遍认为，"想要增加回头客数量，关键就是在顾客临走时对其说的一句礼貌语。" 零售业也是一样的。所以，但凡业绩优秀的零售业和服务业，都在收银处配置高素质的人力资源。沃尔格林也将优秀员工安排到收银台工作，在顾客结账后，他们会说一句："Thank you for shopping! Be Well!"（感谢您的购物，祝您快乐幸福）。

⑥**C＝Care（多一点关心）构筑起"与顾客间的心灵纽带"**

人情冷暖的当今社会里，人们彼此都缺乏关爱。所以多一份小小的关心，将带来巨大的成效。例如，帮顾客将所购买的商品运至车内的服务，发感谢信、全体员工签名的生日贺卡，以及向身体微恙的顾客致以慰问电话等。如此的一些小关心可以给顾客们"干涸的心"以感化。

培养 Hospitality 的十条

想要培养出好的 Hospitality，需要实践如下十条。

第一条 **将培养忠实顾客作为企业发展最重要的战略。**

企业想要长期盈利，必定需要为数众多的忠实顾客带给企业销售额与利润。为了培养这样的忠实顾客，企业必须将其作为最高的战略目标去实现，同时确保 Solution 与 Hospitality 两个要素得到彻底落实。

"忠实顾客"＝"解决顾客问题"（Solution）×"构筑心灵纽带"（Hospitality）

特别是随着社会向老龄化发展，Hospitality 会变得越发重要。企业应该将 Hospitality 的渗透，作为企业最高战略去处理应对。

<u>第二条</u>　**贯彻顾客第一的企业理念，培养使命感**

2011 年 3 月，东日本大地震带来了前所未有的巨大灾难，日本东北部遭受毁灭性破坏。

当时，一家叫 T 的药妆店，受灾极其严重，但在避难所生活的员工仍然继续开店工作。他们将店内商品免费分发给来店顾客，维持民众的生计。在通信瘫痪、联络不畅的状况下，店长认为"无论是社长还是部长都会给予理解的"，并凭借着自己的判断，全权主持了这次（救助）行动。

店长之所以能够做出这样的决断，是因为平时一直坚持顾客第一的企业理念，并且每天早晨齐唱企业理念以及坚持现场的实践奖励。这种顾客第一的企业理念的执行，激发了员工们的使命感。

<u>第三条</u>　**培养感动别人的能力**

如果缺少"招待技巧"和"招待的心"，就不能提供给顾客好的 Hospitality。

即使教会了员工再多的"技巧"，如果缺乏心意，用不了多久顾客就会感到虚假。

要想培养员工这种招待的心，就需要提高他们的感动力。因为越有一颗感动的心，越可能提供让顾客感动的 Hospitality 服务。

The Ritz Carlton 公司里设置了一个叫"WOW Story"的计

划。公司每周要从顾客中挑选一些感动事迹，在每天召开的 20 分钟会议上公布出来，以此培养员工感动的心。

第四条 培养让顾客感到愉悦的能力

生意的成败在于店铺能在多大程度上让顾客感到愉悦。人们每天都在追寻着幸福与快乐，所以越是生意兴隆的商店，越能给顾客带来这种幸福与快乐。

此外，所谓金牌销售员，就是擅长让顾客感到快乐与幸福的员工。也就是说，企业经营成功的关键就在于能促使员工去思考如何让顾客感到愉悦，并各自加以不断实践。

而让顾客感到愉悦的一个方法就是夸赞他们。

凡被夸赞了的人都会心情愉悦。能让顾客有好心情的人，必是善于发现他人优点的人。善于表扬他人，其实就是能让顾客感到愉悦的能力。

第五条 缩短与顾客的距离

老乡、共同爱好钓鱼、同是哪个职业球队的球迷等，在互相意识到有这些共同点之后，人们就很容易打成一片。这比较常见。因为，人都会对与自己相似的人抱有好感（类似法则）。

了解顾客，寻找与自己的相似点、共同话题（共鸣地带），从而能自然地与顾客热切攀谈，拉近同顾客的心理距离，让交流容易展开。容易产生共鸣的 5 个话题如表 15 所示。

表 15　容易产生共鸣的 5 个话题

相同的事实	出生地、母校、家庭情况、年龄
共同的熟人	公司内外、朋友、亲戚
相似的兴趣	体育、兴趣、学问、旅行
相似的经历	愉快经历、恐怖遭遇、苦恼
相似的思考	信仰、思考方式、支持的球队、尊敬的人

第六条　塑造良好形象

为了能给顾客提供优质的 Hospitality 服务，必须首先给顾客留下良好的第一印象，让顾客抱有好感。如果能取得顾客的好感，那么同顾客的对话就变得容易进行，对于提供的 Hosipitality 服务，顾客也会很坦然地接受。

受欢迎的人的前 5 个条件是：①性格爽朗。②微笑。③亲切。④温柔。⑤开朗快乐。必须培养员工的这些方面的特质并加以不断提高。

第七条　增进与人交流的能力

不能将想表达的意思准确地传达给顾客，再多的努力也会化为泡影，也不可能提供优质的 Hospitality 服务。为了能准确地传达意思，"沟通能力" 是必不可少的。

所谓交流，即 "传达"，也就是说 "传" 的内容要让对方理解。即便能 "传"，但如果未能让对方理解，也不能称为交流。

好的交流中，有 3 个关键步骤（见表 16）。

表 16　良好交流的 3 个步骤

步骤	行动	内容
第一步	获取信任	为了方便沟通要取得对方的信任
第二步	产生共鸣	诚意表述
第三步	增进理解	条理分明 通俗易懂

第八条　提高简洁答复的能力

向顾客介绍商品的时候，顾客更希望得到简结的答复。因为慢慢的、详细的说明（Full Counseling）很花时间，而且还会让顾客误以为有强迫购买之嫌。

简洁答复的法则是"1—2—3"。即对 1 名顾客要在 2 分钟之内说明 3 个要点。按照产品的特征、顾客的利得、有效的使用方法的"F—B—I"这样的顺序加以说明，顾客会更容易理解（见表 17）。

表 17　便于顾客理解的"FBI"说明的要点

F＝Feature	产品特征	成分的作用，由此产生的适用性与特征
B＝Benefit	给顾客带来的好处	患者从该商品可获得的治疗效果
I＝Incentive	有效使用方法	有效的使用方法

第九条　提高应对投诉的能力

据说零售业店铺，每年都会损失近两成的顾客。

通常，顾客即便对店铺有不满，但直接提出来的不超过4%。剩下的96%的顾客会带着不满而离开店铺，并向十多个人述说这家店有多糟糕。

为了避免上述情况发生，商店需要搭建平台以方便顾客投诉，并让问题早日得到解决。这也是很重要的 Hospitality。

调查结果显示，82%的顾客在不满得到商店及时处理之后会再次到店购物。如果顾客的投诉能得到及时解决，店铺会被给予"诚信待客"的好评。同时，很多人就会摇身一变成为这家店的忠实顾客（见表18）。

表 18　处理顾客投诉的 5 个步骤

1. 能让顾客宣泄出所有的愤怒或不满情绪
2. 道歉。即便错不在己，也不做解释
3. 要让顾客明白自己非常理解顾客的不满和愤怒，并对顾客的投诉表示感谢
4. 从顾客的角度出发寻找解决办法
5. 跟踪调查解决方法是否有效

第十条　提高员工的工作热情

有人说"工作快乐的员工也会带给顾客购物快乐"。

感到工作幸福的员工，会愿意与顾客分享这种幸福感，同时也会提供优质的 Hospitality 服务。反之也成立。以优质 Hospitality 服务而闻名的迪士尼乐园，他们的"成功公式"的基础就是员工满意。

"员工满意" ≥ "员工工作效率以及业绩的增长" ≥ "顾客满意"

提高员工工作干劲的首要条件是"认识"，也即当员工工作出色时，要加以肯定和表扬。

比起得失，救人要紧

2005 年 8 月 25 日，超级飓风卡特里娜登陆美国的佛罗里达州。继从墨西哥湾离开后，29 日再次登陆路易斯安那州，对美国南部造成了严重破坏。

路易斯安那州的新奥尔良市 80% 的地区被淹。仅阿拉巴马与密西西比两州就有大批建筑房屋发生浸水。这场飓风在当时就被预测会造成大量的死伤人员，以致成为美国历史上的罕见灾害。

大规模水灾发生后，卫生状况恶化，群众染上传染病的概率增加。事实上，在路易斯安那州和密西西比州，出现了受灾群众因感染细菌而死亡的案例。这被认为是因口渴而饮用污水，或被淹时细菌从伤口进入体内，从而导致感染。

加上美国南部气温高达 30℃ 以上，并有与日本类似的重度湿气，因此该地区易发生食物中毒。在得克萨斯州的休斯敦郊外的避难所，以儿童为主的 1000 多人出现了腹泻的症状，这是因为集体感染了诱发食物中毒的诺瓦克（Norovirus）病毒。

这场灾乱爆发时，在沃尔格林公司从事药剂师工作的朋友给我寄来一封邮件。当时，他代表沃尔格林公司参与受灾地的救援活动。他说灾害现场的情况远比媒体报道的糟糕得多，堪比地狱。我来介绍一下那封邮件的部分内容吧。

自飓风卡特里娜袭击新奥尔良及其周边一带已过了两周。受灾区域内，疏散的人群及留下的人群中都出现了严重的医疗问题。例如，因新奥尔良的医生要到其他地区避难，所以医患之间的联系断绝了。逃难到其他地区的人们对于该依托哪个医生很茫然，医生也不清楚自己的患者去哪儿避难了。

并且，因为很多患者的病历和治疗履历都被冲走了，医院和养老院的患者就在无医疗记录的状态下被转移到了其他地区，这样的案例层出不穷。癌症患者正寻求能接受肝脏治疗和放射治疗的场所。糖尿病患者处于缺乏护理器具、医疗检查遥遥无期的状态中。

朋友文森特因不得不逃离新奥尔良，中止了 30 天的肺癌放射治疗。因为他曾入住的医院被水淹没。这次的灾害中，医疗非常混乱，众多患者处于水深火热之中。

沃尔格林公司在受灾区域拥有多家店铺，遭受了包括水淹在内的巨大损失。因为上百家店受灾，经营困难，股价相比飓风肆虐以前跌落了 10%。

但是，沃尔格林在新奥尔良也是持有最大市场份额的药店，出于这份责任感，沃尔格林作为健康管理提供者随即展开了以下活动。

绝不歇业（绝不关闭药房，持续提供处方药）

从为患者持续供药的考虑出发，在一些地方设立移动药房，或把工作人员的车改造成药品保管所持续供药。

在新奥尔良，为了运输药物，工作人员的车上装有警报器，四处奔走，行使应急车的功能。如此种种，沃尔格林尽其所能救新奥尔良居民于水火中，从守护健康的信念出发，一以贯之地践行着不关店的理念。

不仅如此，被淹没的店也出示"We shall return"（我们会回来）的牌子，言外之意是店铺会尽快恢复营业。

灾害后，针对不清楚治疗史和用药历史的患者，沃尔格林的药剂师开展了免费为患者提供病况检查及处方药的活动。

例如，在难民聚集中心，无须处方给受灾者提供处方药。很多患者通常不清楚自己服用的是什么药物。这种情况下，药剂师会询问药的形状及颜色，从过去的病情来判断服用哪种药物为宜。据说免费提供的药品及健康管理商品的金额不计其数。

沃尔格林甚至还安排了来自美国各地的药剂师，把他们送往休斯敦和达拉斯的聚集中心，指导患者的健康管理。并且，与竞争对手来爱德、沃尔玛、塔吉特等频繁联系，以了解需要处方药的避难者的用药历史，以免重复提供免费药品。

在这危急关头，药剂师们空前团结，超越了竞争对手的界限，为了病人齐心协力，尽其所能。

在国家采取对策之前，沃尔格林首先做到了为很多人造福。

"我们只是根据自己的企业理念 'The Pharmacy America Trusts'（开设受美国人民及国家信赖的药房，为地区居民的健康做出贡献）做事。"莫斯科尼药剂师的淡淡之语令人印象深刻。

Customer in Marketing

人在自己的意见被接受时往往干劲十足。

例如，在公司，自己的意见被上司采纳时，就会精神抖擞，有一种绝不失败的强烈使命感。美国的零售业灵活运用这种心理，经常使用 "Customer in Marketing" 的方法。

所谓 "Customer in Marketing"，就是在经营中尽可能地反映顾客的心声。

顾客的心声让店铺获得经营成功的启示。在物资缺乏的年代，是根据制造商和小卖部的意愿售卖商品。但在如今商品过剩的时代，随着市场的完备，顾客的喜好也越来越多样化。生产及采购若不倾听顾客的声音，顷刻间库存就会堆积如山。

基于 POS 数据的经营方式只不过是在自家店的备货品种范围内做出的判断，若是备货品种以外的商品，顾客则无法找到自己所需的。

对于那些满足自己迫切需求的店铺，顾客会成为他们的"粉丝"并乐意援助，还会口头为商店打效果显著的免费广告。这也意味着店铺与顾客的纽带愈加牢固。

零售企业的理念之所以在"顾客资本主义"这一新词之下向"以顾客为主"转变，是因为网络销售的显著崛起。消费者不再前往轻视顾客的店铺以及不能满足自己需求的店铺，也一概不会购买自己不需要的东西。

以前的美国零售业，重视"股东价值最大化"，最关心的是提升股价、为股东创造最高价值。因此，忽略消费者心声的政策横行，时而还会满不在乎地做不好的事情。例如，家得宝家居用品店公司针对顾客修理房屋的委托，连不必要的角落也去修理，然后抬高收费。当顾客发觉后，家得宝家居用品店公司的业绩一度下降。这些欺骗消费者的行为，不仅会招致顾客的不信任感，也会导致营业员的品行低下。

另外，斯图·伦纳德为了重视顾客的心声，董事长、总经理等干部及公司员工每天早晨站于店门口，向光顾的客人问好，询问是否有需要的商品。

而且，在店铺的经营上，积极采纳同时也是消费者的打零工者的意见。据说自己的意见得到采纳的打零工者，努力扩大销售，甚至在工作之余也来到店里检查自己摆放的商品的销售情况。

最近，美国的零售业都会在店内放置意见卡。

顾客投递的意见很多会直接交给总经理。企业规定，顾客的意见和投诉与店方的回应一起，分为 "客人的期望" "客人的批评" "客人的褒奖" 在店内公示。因为在店内公示的话，能够让顾客明白，本店倾听顾客的声音并及时进行了改善。

在 Horton & Converse，营业员口袋里装着一张 "上帝的声音" 卡，写下顾客的需求交给店长。店长在 24 小时内针对顾客的期望设立对策，并且，通过网络反馈的顾客心声也会用于店铺的经营。

也有很多企业将顾客反馈需求的商品作为常备商品。

美国全食公司的备货会积极地倾听顾客的心声。在出入口设置的告示栏上，贴满了写着顾客需求的 "顾客心声" 纸，下栏则写有店方的回应。

顾客不仅高度评价珍视自己意见的店铺，还会通过口头舆论的方式帮助宣传新备货的商品。这对店铺一方而言是绝对有利的。

在美国全食公司，商品添附着 "根据客人需求备货的商品"

的 POP。如果设置了接受顾客反馈的体系，其他的顾客也会接连不断地提出意见，从而不断提高顾客的满意度。

著名管理学家德鲁克说，"真正的市场营销是以目标顾客的需求和价值观为开端的。而且，并不是以零售业想销售什么，而是以顾客需求什么为基础"。在经营中直接反映出顾客的心声，这才是"Customer in Marketing"。

满足消费者需求的备货

致力轻松购物和独特性

在美国，以 Trader Joe's 为代表的备货限定型的小规模杂货连锁店受人追捧。不仅价格实惠，小小的店面和精致的备货品种深受忙碌的人群及老年人的喜爱。

表 19 显示的是某药房商品的贡献度。

表 19　某药店的备货品种和营业额对毛利润的贡献度

备货品种（25000 种）	营业额	毛利润
前 80% 的营业额、利润	25.5%（6375 种）	25.8%（6450 种）
剩余 20% 的营业额、利润	74.5%（18625 种）	74.2%（18550 种）

这家店里，营业额的 80% 是 25.5% 的药品创造的，80% 的毛利润是 25.8% 的药品创造的。相反，超过 70% 的药品只维持不过 20% 的营业额和利益。

每个种类都有 15%～25% 的商品在一个月内所售寥寥无几。另一方面，卖得好的商品没有充足的陈列空间，断货率高，从而导致顾客流失。

备货品种如果过于简单就会失去魅力，在与折扣店的竞争中处于弱势。不有损轻松购物地缩小商品种类，维持店铺独特的品种构成，从与其他店拉开差距的角度来看，非常重要。

美国的药店是如何强化备货的呢？以下以某连锁店商品部部长的话为基础，列出以下要点。

①商品总括为四个区域

商品构成应分为四个区域。

顾客将药店视为 "30 分钟（来店 10 分钟，购物 10 分钟，回家 10 分钟）店铺"。

一方面，业态之间的区分变小，作为顾客挑选店铺的条件，购物时间越来越受到重视。

如果不能在药店用 10 分钟结束购物，客源会流失到折扣店等大规模店铺。

药店购物行为调查显示，10 分钟结束购物的情况下，顾客会逛四个卖区。因此，商品构成应分成四个部分，卖场应设为四个区域，这点很重要。

②明确备货方针

为了增强药店的竞争力，有必要强化备货的专业性和便利性（见表20）。

表20　药店构成的四个区域和备货品种

四个区域	部门	定位	备货要点
健康管理	处方药	核心领域（专业性）	从专业性的角度细致区分用途、功能。扩大致力于品牌和设计的商品的备货，其他商品则多考虑其用途与功能
	大众药		
	健康食品		
	健康急救		
	婴幼儿 & 儿童		
	家庭健康护理（介护、看护用品）		
美容护理	化妆品	核心领域（专业性）	同上
	化妆用具		
家庭护理	家庭用品	增补领域（便利性）	从便利性的角度区分用途和功能，彻底集中到同一用途、功能内
	日用品		
便民服务	食品	增补领域（便利性）	同上
	服务		

健康管理和美容护理，从专业角度细分用途、功能。扩大以品牌和设计为主的商品的备货范围，其他商品则多考虑用途与功能。

家庭护理和便民服务则从便利性的角度区分用途和功能，应彻底集中到同一用途、功能内。

③通过 "清除积存商品" 精简备货品种

竞争力小的零售业的一个共同点是销路不好的商品堆积如山，卖场像坟地一样。几乎所有较为优秀的零售业都有各自的分类标准，销量不好的商品就大胆裁除。根据分类，营业额较低的 15%~30% 的商品都是裁除对象。但是，在用途、功能上必要的商品，忠实顾客定期购买的商品以及药店必备的商品都在排除对象之外。

④从六个视角重新评估备货

表 21 列举了重新评估备货时的要点。从六个方面来评价分类，判断备货是该扩大还是该缩小。

表 21　重新评估备货商品时的要点

要点	思考方法
专业度	·专业性高的领域，尽可能地细分用途功能，据此来完备商品种类 ·专业性低的领域，集中于同一用途功能内，给予选择的商品充足的摆放空间
热衷的程度	·扩大消费者热衷的品牌和设计的商品种类备货量，据此来完备备货种类 ·其他商品则关注用途功能，给予选择的商品充足的摆放空间

要点	思考方法
上位商品的集中度	· 品牌前三位的集中度较低（30%以下）的种类，因顾客的喜好较为分散，所以应扩大备货范围 · 品牌前三位的集中度较高（60%以上）的种类要缩小备货范围，给予选择的商品充足的摆放空间
商品种类发展度	· 正在发展的商品种类，为扩大市场，应扩大备货 · 已发展成熟并走向衰退的商品种类，则应缩小商品备货范围，给予选择的商品充足的摆放空间
市场大小比例	· 丰富市场较大的商品种类的备货，缩小市场较小的商品备货范围
功能上的区别度	· 功能有区别时，不同的各种商品都备货。区别较小的时候缩小备货范围

⑤仔细调整货架商品摆放

日本的药店在一年内有两次对固定商品进行变更。美国的店铺以前也与日本一样，但现在，美国店铺着力于新产品的早期导入、畅销货的区域扩大、滞销商品的去除，以及卖场新鲜感的维持，每月都会重新评估货架商品摆放，而后仔细调整。

打造成"那家店"

在我家的附近，有一家好评如潮的中国菜馆。远方来客也很多，没有预约的话要等很久，人气爆棚。尤其是那个菜馆的饺子，堪称天下一绝。

被夸赞美味的餐馆一定有名菜。客人吃了一部分菜（颇有名气的菜）就评价该店美味至极。

为了给客人留下"好店"的好印象，店铺定要有过人之处。要成为一提到"那个东西的话……"就能被优先选择的"那家店"。因为完备所有种类无论从经济条件还是空间来说都很困难，还要花费大量时间。

沃尔格林选择的"那家店"是健康管理。

该公司在不过沃尔玛十五分之一的卖场内，设置了比沃尔玛还要大的健康商品区域。处方药、大众药品和保健药充足。致力于畅销货、本店独特商品、必需商品三个方面的强化以及咨询指导能力的提高。据此，沃尔格林健康管理的构成比（包括处方药）由四成向 75% 扩大。

在日本屈指可数的药品行业的 C 公司，在口腔护理方面数一数二。C 公司在创业阶段，人们认为他即使与大型连锁店正面展开对抗也毫无胜算。但是，C 公司致力于关注度开始提升的口腔护理的专业性强化。从 6 个 1 米的柜台扩大到 12 个，完善畅销货、本店独特商品、必需商品的备货，完备咨询指导功能。现在几乎可以说"口腔护理数 C 公司"，在当地"药店 C 公司"成了"傲视群雄"的存在。

日本某超市凭借独特性而闻名。超市备有英国王室的御用红茶、一袋 1000 日元的软包装咖喱、价格高达 6000 日元的世界第一品牌的西式泡菜等稀有货物。即使销量为一个月一份也不停止备货。之所以这样做，是因为这些商品对应的目标人群是高消费顾客，是为培养忠实顾客而准备的。

①打造成"那家店"的优点

●客人的信赖

人们会认为一个东西质量好，店里的全部东西都很好。这是"光环效应"的活用。

●交易方的信赖

对于拥有地区最强品类的零售店，制造商和批发商会格外优待，提供各种支持。

●营业员的自信

营业员教育中比较重要的是让他们保持自信。营业员对一件事持有自信，接待客人也满怀自信，客人的信任度也高。营业员对一件事的自信能提升客人对店铺整体的信任度。

②打造"那家店"的要领

●确定能成为地区第一的货物品类

确定哪个品类能成为地区第一。推敲商圈内顾客的需求和期望，确定哪个品类最有把握或者顾客最喜欢哪个品类，然后做出决定。正所谓"产生兴趣便会做得出色"。

●备"3个方面"的商品

备齐"畅销货""本店独特商品""必需商品"（见表22）。这三种商品各有所长、各有所短。通过综合，发挥品类整体优势，特别要重点培养能与竞争店拉开差距的商品、与本店的专业性相关的 "必需商品"。

表 22 "3 个方面" 的商品

畅销货	市场占有率高的商品。这些商品中民族品牌（NB）较多。NB 在消费者信赖度及确保营业额方面很重要。缺点是价格易变，难以获利。并且，因为每个企业都经营，有时难以区别
本店独特商品	零售店有意识地想扩大销售的商品。自有品牌（PB）、二流品牌和本土品牌较多。优点是利润高，可与其他店铺拉开差距。缺点是消费者的认知和信赖度低
必需商品	即便是一流制造也有卖不出去的产品，想着无论如何也要卖出去。这些商品因为是一流制造所以拥有顾客的信任度。不会在竞争中淘汰，容易确保利润。因为其他店不经营所以容易拉开差距，专业性也很高。缺点是顾客对商品的认知度低

把必需商品发展成明星商品

也有把必需商品当成育成商品来发展的店铺。

只靠 NB 的畅销货来增加收益是很困难的。因为那种方式既不能避免价格竞争，又无法区别于其他店铺。

为了解决这个问题，明智之举是选择潜力股，将其培养成自家店铺的明星商品。

①选择明星候补商品

从一流制造的商品中找出市场占有率小的商品。有一流制造的名号，顾客也会安心，也容易得到想发展商品的厂商的支援。

美国的药店中，也有市场份额低的、一流制造的商品被建议给交易方的企业。作为候补 PB 商品在一两年间垄断销售。

②积极扩展卖场

除了原本的卖场，在主干道沿侧及端架、核心区域、市场占有率高的商品旁等处陈列，提高商品的出场度。

③推荐销售

贯彻执行员工推荐销售的制度。理解商品的特征和顾客的优点后推荐。记录推荐的次数，举行销售比赛，以此提高员工的关注度。

因讲究而有人气的超市

①讲究品质的美国全食公司

在大型超市被购物中心和会员折扣店排挤的苦战中，得克萨斯州奥斯汀的美国全食公司每年持续高速发展，营业额将近 150 亿美元。

购买食品时，很多美国人关心的是含有什么营养成分或是否有益身体这一类事情。随着关心健康的高龄人士的增加，人们越来越关心有机食物。基于"医食同源"理念的美国全食公司抓住了这些消费者的嗜好，取得了突破性进展。

该公司的食品质量标准就代表了公司的特点。

● 我们备齐了一系列天然及有机产品。比起添加了防腐剂或人工色素等，自然状态下的食物的味道会更好，营养价值会更高。

● 我们的业务是以具有竞争力的价格出售最优质的食品。因此，我们不断评估食品的营养价值、新鲜度和口感品质。

● 我们仔细检查销售的任何一件商品。仅仅销售不使用任何防腐剂、人工色素、人造香精、人造甜味剂的食物。

● 我们提供美味的食物。

● 我们提供新鲜、安全的食物。

● 我们重点提供有机食品。

● 我们提供有助于健康和幸福的食物。

此外，美国全食公司认为人们很难从日常膳食中摄取足够的营养，于是设置了一个叫作 "whole body" 的保健品柜台。

保健品都来源于天然成分，为了营造治愈的氛围，公司设计了由木制器具和地板组成的卖场，并安排了专业性强的员工担当咨询工作。

②以廉价为卖点的 Trader Joe's

诞生于南加州，在纽约、芝加哥、波士顿等美国主要城市开店的 Trader Joe's，以仅 300 坪的卖场以及 2000 款商品的备货，颇受消费者欢迎。Trader Joe's 吸引顾客的魅力在于其独创的商品。

不经营可口可乐、好时巧克力、哈根达斯冰激凌等在任何地方都可以买到的商品，而是经营着具有专业知识的采购担当在世界各地搜寻而来的物美价廉的商品。

尤其下功夫的是葡萄酒的经营。

Charles Shaw 系列的葡萄酒，由于 1 瓶 1.99 美元的价格，以"两美元的 Charles"这一爱称而受到欢迎。最近虽然涨价了，但是和其他的连锁店比起来，还是十分便宜的。

美国人喜欢的冷冻食品也有有机商品和面向素食主义者的商品，以满足关心健康问题的消费者的需求。为求购墨西哥卷饼、法式洋葱汤、毛豆、烧麦、饺子等世界的珍品，各类顾客来到店中。

此外，这家店通过宣传单来推销主推商品。例如这样的情况：

"西班牙曼彻格奶酪（Manchego Cheese）一磅（454g）9.99美元。

风味浓厚，好切，味道浓郁且温和……宛如深夜节目主持人介绍的那样，但实际上并非娱乐，而是作为食品专卖店，向大家介绍西班牙的曼彻格奶酪。

只有在西班牙中部的肥沃高地拉曼查才能做出的曼彻格，是由山羊奶做成的奶酪。具有几百年的传统（在塞万提斯的

《堂·吉诃德》中也有提到），至今都严格地遵守并保持着传统的制作方法。

例如，压缩过的凝乳（奶酪的原料）一定会用编织的稻草捆扎。奶酪一成熟，就将稻草以网状附在奶酪的表面。正是这使得曼彻格有了其特有的纹路。

曼彻格的另一大特点是它的价格很高，但这在 Trader Joe's 是不同的。经过充分的价格交涉，以一磅 9.99 美元的价格提供给大家！并且因为每个切成约 9.5 盎司，基本上 6 美元左右，敬请购买。"

不使用积分卡，也不用优惠券促销，搜寻符合企业自身特点的商品并进行扶植的 Trader Joe's 得到了其众多忠实顾客的支持。

受到关注的当地商品

最近美国零售业有个名为 "Local" 的举措（本土商品扩销战略）。

电视上的某个人气喜剧节目中，有非常经典的一幕。两个主人公想在餐厅点鸡肉料理，刚问完 "今天的鸡是从哪儿的农场买来的"，服务员当即回答是当地的农场，且一只手拿着展示其饲养情况的照片，以非常巧妙的方法回答了顾客的问题。

正如喜剧节目中提到的那样，"地方性"对于美国零售业和服务业来说非常重要。因为其需求"地方性"带来的和顾客的羁绊以及由邻近生产者提供商品带来的安心感。

"地方性"活动也开始对大型连锁店的战略产生影响。

零售商人协会开展了名为"Think Shop Buy Local"的宣传活动。以激活当地企业为目的，向当地的零售业购买商品的话，会以在全国连锁店购入的三倍价格、即销售价格的45%返利给当地。

当地连锁店开展了"Shop Local"（在当地的店购物吧）活动，对此有危机感的区域连锁店以及全国连锁店也开始致力于"地方性"并采取了向当地同化的战略。消费者对"地方性"的高度关心，使其意识到不支持当地的制造商和农场、牧场就无法生存。

"地方性"活动扩展到了很多连锁店。

很早就致力于"地方性"宣传活动的美国全食公司，一方面丰富当地产品的备货品种，另一方面也向农场提供贷款等经济支援。在whole body柜台，还实施了培养地方员工的计划。

加利福尼亚的超市、炸鸡店，一方面积极地销售当地的蔬菜，另一方面通过签订年度合同的方式支持附近的农家。沃尔玛也开始销售当地的蔬菜。

将来会将全店共同的备货品种的比例下降到50%的沃尔格

林，要在芝加哥的旗舰店中充实当地产的生鲜食品、葡萄酒以及熟食、面包。其分公司 Duane Reade 也销售着曼哈顿当地餐厅的意大利面、调味汁、三明治以及寿司。

此外，在中西部地区开超级购物中心的 Meyer，同密歇根州立大学合作，开展 "Made in Michigan" 计划。以向经济不振的密歇根州做贡献为目标，在该州的 30 多家店铺中，设置了销售当地产的调味汁、调味料、黄油等 46 种产品的特别柜台。

以华盛顿为中心而展开销售的地方药店 Bartell，在近年开发的新型都市商场中，添加了当地产的肥皂、暖炉用的柴火、咖啡、葡萄酒、啤酒等备货品种。

Bartell 药店是 "地方性" 战略的奠基者般的存在，其历史要追溯至 20 世纪 20 年代的经济大危机时期。

销售当地农场或者企业的产品，让那些当地农场或企业受益，结果也能使自己的店铺兴隆。该公司出于这样的考虑，积极地销售当地商品。

另外，"地方性" 战略中也有必须解决的课题。

当地有限店铺的销售，难以通过电视等宣传媒介进行广告宣传，只能直接向来店的客人进行宣传，并且难以纳入供应链，与大量生产的商品相比价格容易变高。此外，新产品以及 "地方性" 商品更新速度也比较慢。

然而，即使有着诸如此类的问题，以消费者的支持、可持续性以及地区的经济效益等为背景，全国连锁店和区域连锁店也已经无法忽视"地方性"战略。

不仅仅考虑地方商品的新鲜性，从食物运输对环境产生的影响以及地方经济复苏等角度来看，都需要进一步推进"地方性"战略。

为什么是"地方性"战略

美国零售业强化"地方性"战略的背景如下。

①关注食物运输对环境产生影响的消费者

Food mileage 是指运输食物排出的二氧化碳对地球环境产生的影响。食品的生产地距销售地近，Food mileage 指标就小，远则变大。对环境高度关心的人不断增加，消费者中存在喜欢 Food mileage 指标低的食品的倾向。

②激活地区经济

在当地采摘的农产品在当地消费的"地产地消"使得当地的经济受益。当地受益则会促进税收增加、扩大就业，以及地区经济的良性循环，益处多多。消费者优先购买当地产品的意识也很强。

③"身土不二"的普及

在中医界有"身土不二（身体和土地、气候有密切的关联，无法割裂。即在当地采摘的东西对身体最好）"这一说法。这种与自然融为一体的意识在美国逐渐渗透。

④地区环境的维持

若是放弃农场、牧场的生产，环境就会荒废。农场、牧场的利用，使得维持当地自然环境成为可能。

⑤提高食物的自给率

地区商品的消费，可降低依靠外国以及其他地区的比例，提高当地食物的自给率。其结果使得持续稳定的食物供给成为可能。

⑥地区独特食物的保存

消费当地商品使得历史上扎根下来的饮食文化以及食物的保存成为可能。保存地区独特的食物使生物以及食品的多样性得以维持。

品牌价值的发现及宣传

任何商品都有优缺点。

例如，电视广告中有名的民族品牌（National Brand）商品，有消费者的认知度高、容易销售的优点，但因为很多店铺都在销售，难以拉开差距，存在着易于产生价格竞争的缺点。

相反，市场占有率低的商品，有消费者的认知度低、不易销售的缺点，但也有不易产生竞争的优点。

消费者有一系列愿意购买的品牌（喜欢的品牌群），在其中反复切换购买的品牌对象。即使决定了要买的必要商品，在购买之前也并没有确定好品牌。

沃尔格林以育成商品的品牌切换为目标，致力于发现育成商品的品牌价值，通过 POP 及咨询指导宣传其价值。

具体而言，分为"功能价值""情绪价值""经济价值"三个价值领域，从 21 个价值起点锁定价值，向消费者宣传其最强的价值（见表 23）。

表 23　沃尔格林的品牌价值的发现方法

价值领域	价值起点	价值的重点	宣传内容示例
功能价值（味道、使用情况、性能等功能方面的意义）	1）信赖性	专家的推荐	做专门研究的大学教授都推荐
	2）安全性	严格的安全基准	孩子们使用也不会受伤的高度安全性
	3）机能性	附加价值，比较优越性	和过去的产品相比，多了两个新功能
	4）效用性	效能效果	去除污渍的同时显出光泽的效果
	5）独创性	新颖	全新的想法，并使用特殊材料制成
	6）便利性	任何时候、任何地点	因为进行了防水加工，所以雨天也可使用
	7）效率性	效率高	作业效率提升两倍
	8）时间性	短时间、短期间	因为 15 分钟完成，可以立刻带回
	9）清洁性	干净的	因为每天在热水处理之后制作所以洁净
	10）健康性	健康的	对胃温和，补充体力

（续表）

价值领域	价值起点	价值的重点	宣传内容示例
情绪价值（能够放松心情、能够使心情变好、能够表现自我等从商品中可获得的情绪功能）	11）新鲜性	新鲜度、新鲜的	使用今早在附近的农家采摘的蔬菜做的料理
	12）流行性	流行、人气、好评	是现如今年轻女性当中最有人气的商品
	13）稀有性	数量、存期、顾客、销售处	厂商特别制作的商品，只有 10 个
	14）历史性	传统、年代、长销商品	江户时代延续至今的老店制作的传统商品
	15）讲究性	制法、材料、原产地	由获得消费者信赖的原材料制作的商品
	16）嗜好性	味、香、形、色、音、触感	余味悠长，会上瘾
	17）审美性	设计、颜色	因为设计出色，作为装饰品也很有价值
	18）美容性	色、香、触感	肌肤光滑，吸收好
经济价值（价格便宜、量多划算等经济上的意义）	19）划算性	量、数、重量	因为装了两倍的量，超级划算
	20）价格性	价格、积分、免费	打八折的基础上还附赠 10 个积分
	21）服务性	保修、运费、修理	终生质保

自有品牌是 "自尊品牌"

自有品牌（Private Brand）商品开发的势头见长。

美国的自有品牌商品的成长率是 NB 商品的近两倍，约 5%。消费品市场的市场占有率达到 15%（以金额为基础）。

在 PB 商品历来受到认可的欧洲，自有品牌市场份额已近 30%，美国的 PB 商品也会进一步扩大。

一部分 NB 厂商，收购了 PB 厂商，通过商品开发的革新、积极的促销和高效的商品供给等措施，扩大份额占比。

PB 商品的发展有几个原因。

第一是 PB 商品的优点得到了消费者的认可。

某项调查显示，九成以上的消费者认为"PB 与 NB 同等，或者提供超过 NB 的价值"。NB 商品的优势不再是绝对的，高度评价 PB 商品的顾客很有可能从 NB 切换为 PB。

牵引 PB 商品市场的是婴儿潮一代（出生于 1946~1964 年）和 X 一代（出生于 1961~1981 年）。

婴儿潮一代没有以前那么认同 NB 商品的优越性，对于不怎么看电视的 21 世纪新一代来说 NB 商品的广告效果也不明显。网络丰富的信息提高了 PB 商品的信赖度。

第二是以价格取向为背景，PB 商品的开发活跃。

三分之一的消费者为了节约而有意识地购买 PB 商品，据说带着购物清单的人中有 10% 记录了 PB 商品名。

第三是有对抗电商的策略。

没有店铺的亚马逊能够以比店铺低的价格销售商品。如果只备有 NB 商品，那么被亚马逊抢走客源这一点是显而易见的。

美国的零售业进入 21 世纪便将 PB 定位为 "自尊品牌"，推进优质商品的开发。过去的品质低劣等形象已经渐渐淡薄，凌驾于 NB 商品品质之上的商品也已登场。

此外，NB 商品以群体设定消费者进行优先商品开发。与此相对，PB 商品则进行个别开发，具有 NB 商品所没有的魅力。

PB 商品由四个部分构成

很多大型超市的 PB 商品由价值、标准、天然且有机、质优价高四个部分构成。药店的 PB 商品也效仿。

沃尔格林分入门级、普通、高级等三层开发 PB 商品。分为健康护理、美容护理、食品、家庭用品等，以将来营业额达 30% 为目标。

该公司以前使用印有连锁店店名的包装，但最近完全没有冠名的商品变多了。食品以 "Delish" 或 "Nice"，维生素则以 "Finest" 的商标冠名。因此，沃尔格林的名字一概不出现。

原因之一是 PB 商品的形象战略。虽说品质有所改善，但很多消费者依然持有劣质廉价的印象。使用范畴独特的品牌更能提高价值形象。

此外，出现回收不良商品的情况时，也能将影响最小化，只要没有写上连锁店的名字，就仍可能提供其他商品。

那么，强化 PB 商品时应该注意什么呢？第一，保持 NB 商品和 PB 商品的平衡。

以 PB 商品为主的备货，会给人以劣质的印象，导致客源流失。若是 NB 商品过多，价格的魅力会减弱，加剧竞争，导致利润率低下。

第二，与竞争连锁店的 PB 商品拉开差距。

PB 商品以其利润率大和极具吸引力的低价而发展至今，由于各连锁店都在积极地销售，所以拉开差距就显得尤为重要。PB 商品的优劣也由营销力决定。

第三，促销活动的强化。

以扩展 PB 商品为目标，强化促销活动的连锁店正在变多。HEB 超市将衣物洗涤剂的 NB 商品"汰渍"和 PB 商品比较陈列，并且保证不满意便退款给顾客。

第四，贯彻比较陈列。

为了强调 PB 商品的低价，将其陈列于 NB 商品的右侧，进行对比销售。并且一定会附上诸如"＄3.77 Saving（节约 3.77 美元）"的 POP，以明确展示价格差。

忠实顾客计划

带来利润的忠实客户

如今的美国零售业都把精力集中在发展忠实客户的战略上。

到 2015 年，全美国的会员人数竟有 25 亿之多。每个人平均参加了 8 家企业的会员计划。

忠实客户是一个企业稳定的客源，他们会捧场商店推出的高利润商品。同时，他们为店家形成的良好口碑，对商店招揽生意十分重要。

虽然在日本他们被称为"信者客"，不过"信者"这个词的"信+者"就变成了"储"字。正如字面意思所显示的，这些忠实客户就是为店家带来营业额与利润的存在。

事实上，忠实客户们也确实有很大的贡献（见表 24）。美国某超市的忠实客户的销售额及毛利润的累计总额大约是流动客户的 40 倍。

表 24　忠实顾客的贡献度

顾客的种类	年度购入额（美元）	毛利润率（%）	使用年数（年）	累计营业额（美元）	累积毛利润额（美元）
忠实顾客	2756	25	17	46052	11713
常客	1404	22	10	14040	3089
流动客户	416	18	4	1664	300
廉价猎手	156	16	2	312	50
临时应急客	52	15	1.5	78	12

店铺青睐熟知商店或会对业务员产生好感的老年人群体，他们比较容易成为忠实客户。所以，为什么说在高龄社会里，拥有忠实客户的数量将决定谁才是赢家，其原因就在于此。

换言之，忠实客户的确给商店在营业额和利润上带来了巨大贡献，不过一旦失去忠实客户，想要再从竞争商家那边争取回来就是一件难上加难的事情了。

那么，怎样做才能妥善确保这些忠实客户呢？这就需要商家在"Hospitality"与"Solution"方面做出努力了。

所谓"Solution"是指处理解决客户需求的能力。荞麦面馆提供美味的荞麦面，医生提供精湛的医术，这就是Solution。

不过，即便是一家再好吃的寿司店，如果被强行推荐"先生，希望您首先尝尝金枪鱼，请您先去点鱼子"，客人也不会愿意再去了。让顾客心情愉快的待客意识就是Hospitality。

强化心灵纽带的 Royalty Program

如今，被迫同沃尔玛竞争生意的零售业，还面临着来自亚马逊的挑战。这些零售商现在热衷于使用"you"这个词。

"尊贵的，尊贵的，顾客大人！"

将每位顾客作为"单个顾客"加以理解，并最大限度地满足客户，而这个词里就融入了这样的想法。将这个落实成制度的就是"Royalty Program"。

当今，正是被称为 Royalty Program 的时代。

很多企业都在进行企业改革，引入新规。虽然，形式上不一定很新颖，但实质内容都在发生着改变。从返还积分的经济奖励至产品开发方面消费记录的活用等，企业正在不断扩大使用范围。

而积分也用在更多的场合。

沃尔格林会定期向进行慢跑或运动的人发放积分。来爱德则向顾客提供用积分进行健康检查和美甲等服务。

强化 Royalty Program 的原因

强化 Royalty Program 有两大原因。

第一大原因是对价格竞争的回避。

美国零售业正面临网络销售的竞争。对于有着价格优势的网络销售，零售业提出了通过 Royalty Program 深化顾客满意度的对策，与每位顾客交流，不断加深与顾客间的关系。

顾客怎样选择店铺消费？

顾客会买些什么？

顾客以什么样的频率光顾店铺？

有的顾客会进行大量消费，而有的却不怎么购买。这就需要商家们深入细微地了解顾客的行为，努力提高每位顾客的满意度。

例如，设定不同顾客不同卖价也是一种方法。这种价格制度不为其他竞争店铺所见，所以也就成了竞争的强力武器。

此外，对于那些定期会购买特定药品的顾客，要加以关心引导，如"平常一直购买的维生素片是不是没有了？需不需要再订购一些"，并针对顾客的疾病提供相应药品与相关信息。如果不能向顾客提出一个总的解决方案的话，想必很难与网络销售竞争吧。

第二大原因是营业额与利润的增加。

在引进了叫作"ExtraCare"会员制的 CVS，据说其 6800 万会员的营业额占据了总额的七成，他们的购买件数比非会员多85%多。

以美国西海岸为重心发展的 Pharmaca 药业，通过实行"Feel Better Rewards"制度，其处方药与前台药品总销售量实现了 50% 的增长，会员营业额也得到了 15% 的增加。

对忠实顾客利润贡献的期待，在会员卡的导入目的中也有呈现。如表 25 所示，随着第一位"提高顾客的诚实度"，紧接第二位的是"优质顾客营业额的增加"。

表 25　导入会员卡的目的（重复回答%）

提高顾客的忠诚度	87
优质顾客营业额的增加	72
顾客信息的收集	70

（续表）

市场领导地位的维持、获得	45
提升店铺、企业的形象	44
应对竞争	18
其他	3

培养忠实顾客的要点

美国的零售业是如何培养其忠实顾客的呢？下面从 4 个例子看看有哪些要点吧。

①布卢明戴尔（Bloomingdale's）

高级百货商店布卢明戴尔将忠实顾客称为 "Loyallist"，并引入了 "Loyallist" 制度。

这项制度的主要奖励措施分为：①在实体店或网上每消费 1 美元，会获得 1 个积分；②通过 Bloomingdale's card（信用卡）进行购物的，每消费 1 美元奖励 3 个积分；③购买了化妆品或香水的会给予双倍积分；④促销期间会给予 2~3 倍积分等。

另外，当积分累计达到 5000 点时，他们会赠送给顾客价值 25 美元的礼品卡（有效期 6 个月的购物券）。通过与美国通运公司（American Express）合作，对于在布卢明戴尔之外的购物，他们也会每美元奖励 2 个积分。

"Loyallist" 制度予以关注的是顾客信息的灵活运用。而活用这些信息的重点正转向以顾客为主的商品开发或货架陈列等。

②沃尔格林（Walgreens）

沃尔格林引入了称为"Loyalty Reward"的会员制。他们拥有全美国最大数量的 1.1 亿会员。这个制度发挥了该公司收购的英国联合博姿公司的技术优势。其特点如下：

- 提供面向会员的折扣商品。
- 顾客购买处方药和预防接种时，给予 500 个积分。
- 顾客购买数千件每周替换的商品时，会赠给特别积分。如每 3 箱百事可乐可以 12 美元的折扣价购买。另外购买超过 15 美元的 Frito-Lay 商品或百事公司饮料时将获赠 1500 积分。
- 对于参加"Walk with Walgreens"计划的顾客，每步行 1 英里赠予 10 个积分，将积分制度和健康管理联系起来。
- 由 50 岁以上人群组成的 AARP（美国退休人员协会，4000 万人）的成员如果参加了"Balance Reward"计划，每月购买 25 美元的商品会获得 5000 积分。

③来爱德（Rite Aid）

在来爱德，针对消费额度较高的会员设有"Loyalty Campaign"的优惠活动（以 1~12 月累计积分为准）。主要内容如下：

- 购置非处方药，每 1 美元给予 1 个积分。

- 每购置一次处方药给予 25 个积分。

- 累计积分达 125 分以上,可享受九折优惠(仅限一次,促销商品除外)。

- 累计积分达 500 分以上,日常购物可享受非处方类药品九折优惠(促销商品除外)。

- 累计积分达 500 分,可免费接受测量血糖与胆固醇等服务。

- 累计积分达 1000 分以上,日常购物可享受非处方类药品八折优惠(促销商品除外)。

④段瑞德(Duane Reade)药店

在推行 "Green New York"(环保纽约)活动的纽约市,从 Bloomberg 市长时代开始就一直在进行扩大步行街与植树等活动。

而支持这项运动的段瑞德药店也独自开展了 3R(Reduce＝减少废弃物、Reuse＝再利用、Recycle＝循环使用)运动。对于购买环保型绿色商品的顾客,将给予通常 2 倍的环保积分。

让新顾客变成老顾客

家庭用品商店给人很强的男性店铺的印象。实际上,家得宝的女性顾客极为少见。

但随着未婚女性人数的增多,女性的 DIY 需求也应运而生。

由于注意到了这一点，劳氏公司（Lowe's）丰富了店铺里的室内商品种类，并安排女性员工，还通过摆放各种彩色 DIY 工具吸引女性顾客前来。

在未婚女性增多的日本，工具、涂料的产商、家庭用品商店等也在不断开发面向女性的商品以及推进相关门店的布置。有的家庭用品商店会有专门的女士木工工作室，或开设涂漆和制作狗屋的培训。

大型家庭用品商店的干部认为，"DIY 市场仅靠建筑专业人士或爱好者们是不可能扩展的。有必要吸纳以女性为主的新手，提供相应的女士 DIY 工具"。

相反，超市或药店等企业则更积极地吸引男性顾客前来。这些行业，历来女性顾客居多，店铺设置也是以女性消费者为主。不过，考虑到包括老年顾客在内的男性顾客的增加，商家也在寻求新的店面布置。

对于每年有近两成顾客流失的零售业来说，如果不增加新的客源，那么顾客人数必然跌落下去。为了确保新客源，把握这些新顾客的需求并采取恰当的营销策略就十分重要了。

新一代老年人的 3 个特征

对于美国零售业而言，如何抓住婴儿潮一代人的商机是一个很紧迫的课题。

婴儿潮时代出生的一代人，引领着时代的潮流，在各个领域都发挥了其影响力。而这一代人正处在退休的大潮中，以前所未有的速度推动社会的老龄化进程。平均每 7.2 秒就有一个人迈入老年时期。

可以预见的是，今后老龄化进程将会加剧，30 年后 65 岁以上老龄人口将会翻番，占美国总人口的 25%。被称为 "The Fastest Growing Segment"（发展最快的人群）。

为了充实老年生活，他们创造着新的消费和文化。

他们不仅仅是批量购物的一代，而且富有购买热情，加之经济实力雄厚。因此可以说 "掌握老年市场的企业就等于掌握了整个经济市场"。

而在此方面，日本的老龄化进程速度要在美国之上。

2013 年，日本 65 岁以上人口比例为 25%，到 2060 年将达到 40%。近来，日本总人口趋减，其中唯一增长的就是老年人口，老年人群体成为市场主体不过是时间的问题（见表 26）。

2013 年数据为日本总务省统计局 "人口推算（10 月 1 日）" 数据。其他为日本国立社会保障/人口问题研究所 "日本未来预测人口（全国，2012 年 1 月推算，出生人口中值/死亡人口中值）"。

今后的老年群体，具有与以往不同的特点，是新一代的老年人。其特征可以用 "H —A— W" 来表示。

表 26　日本的人口变化

年龄层	2013 年		2020 年		2030 年		2060 年	
	实际人口（万人）	比例（%）	实际人口（万人）	比例（%）	实际人口（万人）	比例（%）	实际人口（万人）	比例（%）
总人口	12730	100	12410	100	11662	100	8674	100
年少人口（0~4 岁）	1639	12.9	1457	11.7	1204	10.3	791	9.1
育龄人口（15~64 岁）	7901	62.1	7341	59.2	6773	58.1	4418	50.9
老年人口（65 岁以上）	3190	25.1	3612	29.1	3685	31.6	3464	39.9
前期高龄人口（65~74 岁）	1630	12.8	1733	14.0	1407	12.1	1128	13.0
后期高龄人口（75 岁以上）	1560	12.3	1879	15.1	2278	19.5	2336	26.9

- H＝Healthy（健康）

日本首都东京的调查（55 岁以上，2000 人）显示，80%（中值）以上的人认为自己"很健康"。

- A＝Active（活跃）

"老年人＝在家静静待着"这一印象已成过去式。他们有各自的兴趣，会去旅行，以及参加社团活动等，十分活跃。

- W＝Wealthy（富裕）

社会纯个人可支配储蓄额的近八成都保有在 50 岁以上年龄

层手里。他们比 50 岁以下年龄层更为富裕。

新一代老年人的潜力市场

在有着这些特征的新的老年人市场中，以下 4 个市场很有发展前景。

①健康管理市场

每个成年人（mature）追求的理想都有这 3 点：①身体健康；②精神健全；③有激情的生活。而这 3 要素都能兼而有之的人生才是 "successful aging"（成功的年老方式）。

老龄化加剧，高血压、糖尿病、高胆固醇、哮喘、心脏病、关节炎等慢性疾病的易患人群也增加。这些疾病的预防，被称为第二心脏的腿肚子和膝盖等的腿部护理，还有为预防 70 岁以上人群主要死因的误吸性肺炎提供的口腔护理服务（第三心脏）、眼科、耳科、肠胃、记忆力、睡眠、更年期障碍、抑郁症以及性体验等相关市场都被激活。

事实上，处方药的 70%，非处方药品的 40% 都为 65 岁以上人群所使用。

关于保健品等替代药品，很多老年人了解到仅靠食物无法摄取足够的营养，因此补充 7 种以上营养素。另外，老年人容易营养不足，所以预防并改善老年人营养不足的商品也发展显著。

②Looking Good（美容）市场

虽然我们会很自然地认为，人类分为一半男性一半女性。不过实际上，女性人数要更多一些。至于为什么，那是女性的寿命更长的缘故。社会越向老龄化发展，女性人数的比例就会越高。因此，老龄社会的核心群体为女性。

新一代的高龄女性，并不是那种拘谨持家的女性群体，相比同年代的男性更具活力，并且也向往年轻。

玛丽莲·梦露就曾说过，"我是个十足的女人，并且享受其中"。而新一代的高龄女性也至死追求永恒的女性之美。

③Comfort（舒适）市场

人凡年过半百，就会想要好好慰劳一下前半生奋斗打拼的自己。于是，他们就会把生活舒适当作对自己努力的回报。

④Enjoyment（娱乐）市场

孩子们都离开身边独立生活了，对于接下来的生活，老年人想要努力去享受的愿望就会变得十分强烈。比起物质上的满足，他们更倾向于追求精神上的满足。

因此，旅行、兴趣或技艺等方面的市场就会扩大。而在舒适的生活环境这方面，对于"室乐园"（失乐园的诙谐说法）的需求也会提高。

在老龄社会，虽然这些市场是有潜力的，不过如果营销措施不当，就会招致顾客的意外反感。所以，对市场攻略铁则的理解是至关重要的。

老年市场攻略铁则

老年市场有以下 15 条攻略铁则。

①Ageless 法

在美国，如果询问 50 岁以上的人印象中老年人的年龄，很多人会回答说 80 岁。因为多数老年人认为超过平均寿命以上的人为老年人，因此千万不能把 80 岁以下的人当作老年人对待。

另外，年龄分为真实年龄和认知年龄（自认为自己多少岁），几乎大部分中老年人认为自己比实际年龄年轻。更有调查结果显示，有人认为自己比实际年龄年轻 10 岁到 15 岁。对中老年人，不显示具体年龄的方式更为明智。

这同样适用于商品或服务的命名。让人有年龄感的命名反而会疏远中老年顾客。

比如一家大型旅游公司组织了面向中老年客户的 "银龄物语" 活动，但由于对寓意银发之年的 "银龄" 一词过于敏感，参加者寥寥无几。与此相对，以 "童谣寻根之旅" 为名征募参加者，中老年顾客便聚集而来，参加人员甚至超过规定的人数。

衣服也应该使用 "简便合身" "宽松合身" 之类的表达。"穿脱简便" "方便活动" 等表述能吸引老年顾客的购买。

应通过宣传功能与用途，让顾客无抵触情绪地购物。

②唤起需求

老年人对于现在生活的满足感强。由于退休后的收入有限，不能像年轻人似的花钱，也就是所谓"stock rich, flow poor"的生活。

要唤起这类老人的新需求，得用"Multi - generation marketing"法。

因为再怎么对老年人本人进行商品推销，他也无心改变一贯的做法和习惯使用的东西，故可通过他的子女等周围人的介入来说服。这就是"Multi-generation marketing"法。

譬如营养均衡的商品"Ensure"（综合营养剂）是面向老年人的商品，通过向老年人的女儿、儿子宣传推销，让他们向自己的父母推荐，最后老年人就能使用上这款产品。

并且儿子或女儿正在减肥节食的话，或太忙而无法好好吃饭，自己也会购入。这么一来，市场就扩大了。

③令人讨厌的老年人专柜

设置婴儿相关的、化妆品的、面向青少年的产品等专柜的办法很奏效，但面向老年人的产品不该设专柜。

在美国药店里开设的老年护理的专柜多以失败告终，中老年专门的男子服饰店也不受目标客户群的喜欢，开设老年人的专柜也全都失败了。

顾客喜欢有希望之感的专柜，让人对有年龄感的老年人保养护理专柜敬而远之。认为自己还很年轻的、健康的老年人群体尤其如此。

很多药店将专柜的名称从老年人健康护理改为家庭健康护理（家庭内介护/护理专柜）。将护理用品与出院后必需的家庭护理用品（急救医疗用品、防护用具、健康检查套装工具、均衡食品）陈列在一起，年轻的顾客也会购买。

④**老龄社会是女性社会**

为了吸引老年人顾客，广告和海报上不能夫妇齐登场。

在高龄社会中，由于女性的寿命更长，单身女性不断增加。对于她们来说，描绘夫妻的广告只会让人感觉疏远。

旅行公司的海报或传单、广告中，会编排类似于两名女性一名男性的样子，更多让女性出场。商店构造也设计成女性顾客青睐的样子，这便是老年市场的攻略关键。

⑤**首先诉诸情感（右脑）**

中老年人对于店内的气氛和业务员的态度很敏感。在判断事理的时候，比起左脑（逻辑的大脑），更倾向于使用右脑（情感的大脑）。

年轻人更欣赏价格和品种之类的硬性条件，老年人则更偏好诉诸情感的软性条件。

因此，老年人群体对于印象不好的店，不买东西直接打道回府，也不会二度光临该店。相反地，让他们感到"感觉还不错"，刺激其右脑的话，他们就会对店铺产生亲近感，停留在店内的时间也会延长。成为常客后还会在口头上帮着宣传这家店的好。

在我洛杉矶的住所附近，美国全食公司是一家很受欢迎的店。

店内以木纹素雅装饰，提供将所购商品运至车上的服务，有老年人喜欢的熟食商品，店员笑容满面地热情接待等，因为亲近于老年群体，所以受到大力支持。

⑥积极 & 快乐法

对老年人采用积极的（正面的）、快乐的战略会很有效果。

在美国，一种叫"核糖醇"的降低胆固醇指标的药物被誉为 20 世纪最受欢迎的处方药。但是，在核糖醇发售之前，好多制药厂商发售了类似的药品，却销路不佳。

成功与失败的分界线就是市场营销战略的不同。

失败的厂商采用的是一种威胁式的宣传办法，"如果胆固醇指标不下降，就会患上死因排名第一的心脏病或者排名第三的卒中"。但是对于在漫长人生中经历过不幸、对家人生病或死亡感到不安的老年人来说，"不吉利的话已经听得太多了"。因此会很反感威胁式的宣传策略。

另外，成功的后发厂商很懂得消费者的心理，开展"我会改善胆固醇指标，像这样健康地生活下去，每天都会很开心"

的市场宣传方式。老年群体的选择自然不必说了。

在日本，有些药店会张贴一些惨不忍睹的患有痔疮或脚气患者的患部照片，附配上让人过于担心的词句，以吸引顾客。或者，在配有护理服务的高级公寓的广告中，宣扬一种身体动不了也大可放心的消极意象的卖点。这些都无法吸引老年群体。配有护理服务的住宅广告应该像美国那样，展现更多积极而充实的生活方式。

⑦大众定制

"大众定制" 很难理解，不过要是西装的话就是指 "定制服装"。同样地，所谓 "大众定制" 就是指按照消费者的需求（分量、大小、味道、搭配等）提供既有产品。如果是西服的话，就相当于 "easy order"。

在超市里，有很多商品是盒装销售的。但老年人不需要那么多的数量，希望根据自身情况称量购买。药店在销售维生素时，也应该不仅仅提供整盒出售，还应出售多种类的、两周的分量。

这样的大众定制不仅提高了顾客的满意度，也使得顾客不太在乎价格，对于店铺来讲也是可轻松获利的优点。

化妆品中，适合个人肤色的粉底液和香水很受欢迎。旅行企划或公寓售卖等也应该摒弃供应商的硬性规定，聆听消费者的需求。

⑧老年人喜欢的促销活动

老年市场中，以年龄为宣传手段且能够奏效的唯一方式就是提供优惠。

在美国的零售店，客流量较少的星期二、星期三的上午都会进行"55岁以上打九折"之类的面向老年群体的促销活动。在餐厅，晚上六点前，会实施一种称为"early bird"的促销活动。划分时间段的市场营销深受在时间上绰绰有余的老年人的喜爱，且店方也能有效利用清冷的时间段。

另外，减价销售与社会公益相结合就更好了。销售额的一部分捐赠给地方小学或慈善机构，老年人会很乐意接受此类促销。因为老年人有强烈的意愿——想要回报照顾自己的社会，想给子孙留下一个好的社会。

⑨尊重老年群体

老年人持有历经漫长人生苦乐的自信与骄傲，也因自己的努力构筑了国家的繁荣而感到骄傲。因此，很厌恶被轻蔑地对待或被当成笑柄，希望自己能够被致以敬意。

因此，在接待老年人的时候，要礼貌地传达出"欢迎您"的感觉。他们根本无法抵御"对您特别优待""只对您优待"等触及他们自尊心和自豪感的销售方式。

称呼顾客姓名的待客方式是简单且有效的。实际上，以这样的方式接待顾客的餐厅和旅馆越来越多。对于本人来说，称呼名字让人感觉舒适，且能够给人留下被隆重款待的印象。

⑩Age friendly（耆老，高龄友善）

即使是健康的老年人也不能否认身体的衰老。对于隐隐约约感到自己衰老却又不肯承认的老人，应给予一种"若无其事"的关心。

其中眼睛的衰老最为明显，从 40 岁初就开始了。

眼睛变得难以聚焦于对象事物，所以 POP 应采用大号字。因为角膜丧失透明度变得浑浊，所以色彩对比不明显的话就很难看清。柜台标识也不能仅依靠文字，印象色彩或是 Pictograph（绘画文字）的活用也很重要。

瞳孔由于收缩，对光亮的适应能力也会减弱，店内应保证照明充足。在美国，过去的饭店为了营造店内氛围而光线昏暗，连看菜单都有点费劲，但是最近店内照明充足的店越来越多。

⑪比起便宜更在乎价值（提升档次）

老年人已经拥有很多东西，因此即使价格稍微高一些也愿意买更好的东西。特别是新一代的老年人，提升档次的意向很强烈。

在这种情况下，所谓好东西就是指"具有与价格相符的价值"。

老年人对品质的要求自不必说，同时还需求便利、服务、店内氛围等综合价值。因此，仅宣传价格及商品的优点是没用的。

美国著名滑雪场阿斯彭的丽兹·卡尔顿饭店，一到晚上，暖炉前就免费招待鸡尾酒，中老年顾客心情舒畅地享用餐前鸡尾酒。顾客乐意为丽兹·卡尔顿饭店提供的"惬意"的价值而买单。

⑫通用设计

美国的厂商或服务行业渗透一种观念——"让老人受用的商品对年轻人也有用。"

面向老年人开发的商品因为易于使用，也易受到年轻人的青睐。与年龄、性别、身体障碍等无关，谁都可以轻松使用的"通用设计"的商品正开始迅速普及。

比如浴室的扶手、没有阶梯的住宅、硬币与商品取放处比较大的自动贩卖机、宽松舒适易于活动的衣服、顺手且便于书写的文具、数字键放大的按键、以机械声音提醒人的闹钟、被设计成防蒸汽烫伤的水壶、瓶装开瓶器、便于拿取商品的移动货架、高质/量轻的钛制螺丝刀、大型网球拍等不胜枚举。

无论哪种面向老年群体开发的商品都深受年轻人的好评。

⑬便利店！便利店！

老年人虽说有很多空余时间，但对于购物与远行感到麻烦的人也不在少数。因此，他们平时购物偏向在附近的商店或使用快递。

在美国，网购的老年人越来越多。数据显示，老年人平均一次的上网时间比其他年龄层的人多 40%，购物单价也高出 50%。

药店也以小商圈开设分店的方式，实现了很高的光顾频率。

这些商店离住宅和办公室很近，规模小，购物便利，健康护理的商品种类繁多，室内门诊能够提供高级护理师的咨询服务。速食食品、冷冻冷藏食品、饮料、消耗品等日常生活必需品配备齐全。

顾客对于便利程度高的事物都大力支持。

⑭ "Yes, I can" 服务

"只要能做到的，无论什么都为您做到。"这让顾客感到为了自己店铺员工如此努力，有助于培养信赖感。尤其多数老年人都是抱着期待前来的，对于"没有经营此类商品""做不到"之类的回应会很失望。

有时候会被要求一些很突然的事，这时的快速回应非常重要。一旦老人们认为这家店能够满足需求，他们就会经常光顾，尽可能在那里买东西。

⑮软硬无障碍

拆除楼层的阶梯、扩大通行口、放大显示、降低陈列架，所谓无障碍就是为身体衰老的人群提供便于使用的环境。

但是，一味地重视硬件，软件的无障碍就容易被忽视。

比如，没能体察到老年人心情的接待会让他们感觉到自己不受欢迎，如果年轻员工难以做到，不妨安排些年纪大的员工。

在迪士尼或沃尔玛，会安排老年接待员（负责向进店的顾客打招呼的员工）。麦当劳或沃尔格林也添置了不少年纪大的营业员。

以增长的男性顾客的购物为目标

在日本，单身人数增加，家庭数量也不断增加。2010 年单身家庭为 1678 万户（家庭占比 32.4%）。据估计，2035 年将增加 167 万户，达到 1846 万户（家庭占比 37.2%）（日本国立社会保障/人口问题研究所）。

单身家庭的增加意味着男性顾客的增加。

以前，包含代理购买，购物者中七八成都是女性顾客，但如今，没有结婚的男人、单身赴任者及高龄单身者等男性顾客购物的现象很普遍。

让我们看一下男性顾客的特征。

①喜欢凭感觉、短时间购物

直观能力和分析能力综合平衡的女性会花时间、慎重地、比较购物。而男性重视直观能力，追求优质产品，喜欢短时间内做出单方面的判断来购物（见表27）。

表 27　男性和女性的不同意识

项目	男性	女性
直观能力/ 分析能力	左右脑的协调能力差，分析能力欠缺，重视直观感受	左右脑的协调能力好，分析能力和直观能力综合平衡
单方面/多方面	单方面、一点集中型	多方面、分散型（比起单件商品，推荐多种商品比较好）
消费意识/ 风险意识	弱（不在乎商品的价格，即使高价商品也会购买）	强（谨慎购买）
购物时间	短	长
所需对策	推荐优质商品	比较购买，搭配推荐

②对商品很讲究

男性对商品很讲究，存在喜好国家品牌的倾向。女性讲究商品的实际运用（见表 28）。

表 28　男性女性对商品的不同讲究

项目	男性	女性
讲究的对象	对商品很讲究	在乎他人的目光。讲究使用方法
关心的内容	关心最新商品、技术要素	对于商品使用的愉悦度及与友人的交流十分关心
宣传方法的例子	专注于物品的核心。"能体验前所未有的飞速感的○○螺丝刀"	专注于快乐氛围。"到了秋高气爽的高尔夫季节。一起打扮时尚去玩吧。"

③简明设置的商场是必需的

女性是愉快地享受购物的过程，而男性是为了达成目的而义务性购物。

因此，男性顾客拒绝进入标识不清的商场购物。虽然获得新顾客的门槛比较高，但多次利用后，男性顾客也容易成为固定客人（见表29）。

表29 男性和女性的购物差异

项目	男性	女性
目的	目的达成的手段	实现自我
态度	无奈	充满活力
行动	与员工交流少（拒绝复杂）	与员工交流多
忠实度	新顾客少，随着光顾店铺次数的增多，会增加	新顾客多，流动性强
所需对策	简明易懂的卖场布局（POP、标记、手册）	友好对待

④害羞、不善交流

很多男性都比较害羞，不善与员工交流，任何购买都自己解决。因此，说明商品使用方法的POP发挥着重要的作用（见表30）。而且，对员工提出不同的意见，往往不觉得好、但又经不起肯定或者奉承。

表 30　男性和女性的交流差异

项目	男性	女性
对不明白之处的态度	不问员工，尽量自己解决	轻松咨询
所需对策	交谈是确认自己逻辑强、知识高的手段。希望自己的判断标准和观点得到肯定评价。一旦被否定，就会生气	直接表示出自己的困惑不解，寻求建议和意见。喜欢交谈

⑤喜欢简便性和即时性

表 31 汇总了美国超市的商品购买率比较。男性顾客购买率较高的商品的特征是"简便性""较高的男性趣向性"。

男性顾客的购买率高于女性顾客的商品类别是汽车用品，季节商品，饮料，酒，冷冻食品，热的熟食，冷菜，熟食等。相反，女性顾客的购买率高于男性顾客的商品是精肉，水果，蔬菜，洗涤用品，乳制品，小吃，大众药等。

男性顾客熟食购买率较高表示单身男士和只有男性的家庭在购买。需要烹饪的生鲜食品、洗涤用品、与家庭相关的商品，则女性顾客的购买率高。

最近看到在卖场内设置咖啡休闲厅等对男性顾客采取的对策。男女一起购物时，由于男性顾客讨厌长时间购物，所以在女性顾客购物期间，男性顾客可以在咖啡休闲厅轻松度过。

表 31　男性和女性的购买率差异

商品	女性（A）（%）	男性（B）（%）	差（A-B）（%）
水果、蔬菜	74	53	21
乳制品	61	45	16
精肉	56	32	24
饮料、酒	50	53	-3
冷菜、熟食、沙拉	39	40	-1
面包蛋糕	39	38	1
奶酪	35	32	3
纸品	35	30	5
小吃	32	21	11
洗涤用品	32	13	19
鲜鱼	20	13	7
冷冻食品	17	19	-2
美容用品、化妆用品	17	15	2
大众药	17	6	11
热的熟食	15	17	-2
季节商品	9	13	-4
糖	9	6	3
书籍、杂志	4	4	0
汽车用品	0	9	-9

表 32　随同伴而变化的女性购物时间

和女性朋友一起	12 分 25 秒
和母亲一起	12 分 20 秒
和孩子一起	11 分 42 秒
和男性一起	5 分 41 秒
自己一个人	7 分 23 秒

※在药店

150

⑥**其他特点**

● 因为重视价值，所以很容易让其提高档次购买。宣传价值的 POP 和接待很重要。

● 购买为人熟知的商品。充实 NB 商品、广告宣传等很有效。

● 通过试穿、试用可提高购买率。尽量推荐试穿和试用。

● 在超市购物时，大约 60% 的女性顾客会列好购物清单。但是男性顾客 4 人中只有 1 人持有购物清单。由于男性顾客冲动购买的倾向较强，所以具有冲击力的视觉诉求很有效果。

● 不会拒绝孩子的央求。备货应注意孩子的需求，应注意陈列的高度和导购服务。

● 女性顾客擅长购买家中使用的商品。而男性顾客则擅长购买家外面使用的商品。

培养"终生顾客"惠及店铺

孩子对于厂商和零售业而言是非常重要的顾客。因为孩子具有 P = Present Value（现在价值）、I = Influence Value（影响价值）、F = Future Value（将来价值）等 3 个价值。

关于第一个"现在价值"，孩子有"6 个钱包"。父母、祖父母、叔父、叔母等都会给孩子买东西，所以具有比外观更多的购买力。因为比起价格更在意本人是否喜欢，所以店铺也容易确保利润。

关于第二个"影响价值",孩子拥有发言权的场景越来越多,对家庭购物产生了不小的影响。父母是双职工,孩子自己购物的状况也在增加。另外,由于平时照顾不到,所以会宠着孩子,听孩子意见的父母也在增加。孩子觉得无趣的店铺,父母也会不再光顾。

因此,构建让孩子感觉快乐的卖场,提供孩子用的小购物篮、带有动漫人物图像的购物车等对策很重要。也有店铺在店内放置吉祥物娃娃,向孩子提问"(吉祥物娃娃)Oliver 在哪儿呢",然后奖励给回答正确的孩子吉祥物娃娃。

美国的药店设置了玩具区域。孩子和母亲来店时,让孩子在玩具区域玩耍,给孩子留下美好印象。

日本的药妆店基于"从摇篮到坟墓"的想法,努力为各个年龄层服务。但是没有儿童卖场,儿童用品的备货也少。即便孩子去购物,也会觉得无趣。

第三个"将来价值"是日本企业必须学习的。

日本的促销很多都以立即生效为目的。举办活动时,关注的是有多少营业额、利润,增加了多少顾客。

与此相对,美国的促销则期待将来的效果。长远视角的促销是培养"终生顾客"的市场营销。

一般而言,感受力强的幼儿时期留下的印象会很深刻,即便长大成人，也不会忘记。如果是好的印象还好，但如果是不好的印象则会留下心理创伤。

我是读卖巨人队的球迷。原因是我小时候给当时很有人气的著名投手别所毅彦写过一封信，然后收到了他的手写回信，非常感动。回信成了我珍贵的留念，自那以后，我一直是读卖巨人队的球迷。

相反，小时候见到杀鸡的场景现在也忘不了，因此我讨厌鸡肉。关于味道的记忆也一样。

据说，人的味觉在 9 岁前养成。因此，对于"你觉得好吃的味道是?"的提问，很多人会回答"妈妈做的饭菜的味道"，也即"妈妈的味道"。

且不论从专业角度来讲是否好吃，小时候习惯的味道就是对那人而言的美味。

美国"终生顾客"的培养尝试

我们从美国零售业培养"终生顾客"的方式中看以下要点。

美国全食公司基于"从小培养正确的饮食方式"的理念，设有"Whole Kids"区，以让孩子们喜欢蔬菜、谷物本来的味道。

美国全食公司还经常举办儿童料理培训（见表 33），进行饮食教育的同时，通过亲切的厨师哥哥、姐姐的料理指导，给孩子留下美好印象。

表 33 　 Whole Kids 儿童料理教师的计划

Kids in the kitchen	星期六	对象为 7~12 岁儿童。在生活样式中心，厨师举办面向孩子的快乐料理培训。参加费用为 15 美元。需要事先申请
Teen working class	星期五	对象为 10~19 岁青少年。培训一家人享用的美味料理菜谱。参加费用为 20 美元。需要事先申请

超市沃尔玛也持续进行孩子饮食教育。

西兰花和胡萝卜具有很高的营养价值，但是很多孩子都很讨厌它们。为了让孩子吃这些蔬菜，父母煞费脑筋。因此，沃尔玛举办"好吃的西兰花和胡萝卜料理培训"，尝试通过让孩子们食用自己制作的料理，消除厌食蔬菜的倾向。周末还举办儿童电影节，免费提供饮料和简单的小吃。

斯图·伦纳德定期在店铺招待小学生。

工作人员带着乘坐校车前来的孩子在店内逛，让孩子们参观学习牛奶、面包的制作工序，切肉、切鱼、做家常菜的过程，最后一同享用美味午餐。

Trader Joe's 举办填色绘画比赛。

如 UCLA 的 Bruin（褐色的熊），比赛时在店内张贴各地大学的吉祥物填色绘画，表彰一些作品。孩子引以为豪的作品被装饰于店内并受到表彰的话，会成为他们一生的回忆。

此外，受到表彰的孩子还会被赠送印有自己作品和照片的日历。这是世界上独一无二的原创日历。

一些地方的药店还成立了少年俱乐部,教孩子们化妆的方法。

在美国,小学毕业典礼后会举行派对,孩子们可以按照自己的想法化妆打扮参加。母亲常常不知道怎样给孩子化妆,因此会和孩子一起前往药店咨询。

药店的工作人员亲切地教孩子第一次化妆,化妆后漂亮得仿佛换了个人。孩子因此对店铺留下美好印象,即便长大后也会一直光顾。

塔吉特(Target)则成立了少儿俱乐部,通过野营体验,教会孩子与大自然接触。此外,持续 60 年,给当地的小学、初中、高中捐赠 5% 的利润。

塔吉特店内张贴了受到捐助的学生的感谢信。塔吉特的服装在大学生中很有人气,这一方面是因为原本是百货商店的塔吉特的品位好,另一方面也是因为来自小时候对其留下美好印象的学生的支持。

一些厂商也同样采取了对策。J & J 在儿童用的邦迪和牙刷上印上迪士尼的人物图像。可以说,这是通过在孩子们中具有人气的人物图像,从小让其适应、喜欢本公司产品的一个战略。

服装业的阿玛尼(Armani)、拉夫·劳伦(Ralph Lauren)、GAP,以及餐具 Pottery Barn 都开设了面向儿童的店铺,以强化对终生顾客的市场营销。

日本的零售业也有必要从长远的视角看营销，着力培养终生顾客。

吸引外国顾客的方法

美国是移民国家，很多人不懂英语。因此，零售业消除语言障碍是一项重要的工作。

沃尔格林可以应对包括日语在内的 14 个国家和地区的语言。平日将会讲各种语言的药剂师安排在 3 个店铺，通过通信手段加以应对，并接受外国人的咨询。

在我组织的考察活动中，如果有参加者身体不适，必定会让其前往沃尔格林的店铺。

因为只要提出"请安排会说日语的药剂师"的申请，就能电话接通会日语的药剂师。

药剂师用日语加以诊断后，会告知该店铺的美国人药剂师应配的药品。当然，用药方式也会用英语和日语两种方式一并记下。在中南美和中国人较多地区的店铺，POP 和广告单都使用英语和西班牙语或汉语两种方式表述。

对将来人口不断减少的日本而言，吸引外国顾客也是一个重要的课题。仅以日本人为对象的营销是行不通的。

日本政府计划至 2020 年，每年吸引外国游客 2000 万人。零售业也应积极谋划外国游客对策，吸引外国游客购买。中国游客 "爆买" 正显示了其可能性。

日本某药妆店在面向中国、韩国游客的当地网站上刊登了介绍企业的内容，从旅日前就积极吸引游客光顾。店内安排了会汉语和韩语的员工，一直是外国游客盈门。

面向游客的生意确实是一时性的。但是特产销售数量不可小觑，由于对于价格又不是那么计较，所以店铺能期待有很大的收益。

位于纽约、芝加哥、旧金山、拉斯维加斯等市中心的沃尔格林的店铺，备齐了面向游客的 T 恤衫、在宾馆食用的食品和饮料以及土特产等，受到外国游客的追捧。

吸引 LGBT

在美国，LGBT（同性恋者、双性恋者、性别认定障碍者等）市场很受关注。该市场规模预计相当于日元 80 兆，特别是在欧美，逐渐发展为重要市场。

因为对于他们，即便价格昂贵，只要是自己喜欢的就会积极购买，所以很多 LGBT 都成了特定品牌和厂商的优良顾客。他们高度关心健康、时尚、自然、有机、环保、和平，需求高品位商品。而且他们很多人没有孩子，可支配收入较高，所以对消费也比较积极。

他们的标志是"彩虹"。

Body shop 在店头很自然地贴上彩虹标志，百货商店也挂上彩虹垂幕，积极推进 LGBT 商品的销售。

美国全食公司不仅创设 LGBT 期望的环保型店铺，而且丰富了对健康有益的有机食品、无添加食品、提取自然成分制作而成的保健品和化妆品的品种，甚至安排了 LGBT 员工。

日本的零售业早晚也会迎来吸引 LGBT 顾客群的时代。

受 LOHAS 喜爱的店铺

LOHAS = Lifestyle Of Health And Sustainability，即对健康和环境高度关心的生活方式。这是 20 世纪 90 年代后期美国的社会学家定义的概念，指成熟社会中消费者新的生活样式。

很多 LOHAS 是婴儿潮一代出生的人，也是创设了嬉皮派、雅皮士等美国各种流派和社会运动的人。

据推测，美国现在的 LOHAS 人口为成年人人口的 27%，约8000 万人，市场规模估计约 40 兆日元。在日本，约为成年人人口的 30%。他们学历高，收入高，购买力很大，相关市场很广，包括衣食住。据说，2015 年的市场规模有 20 兆日元。

LOHAS 与高度成长期的"大量生产大量消费""廉价""效率"等至上主义不同，以"对身体有益""环保"为关键词，需求"有机""公平交易""地产地销""绿色消费"。追求"品味"

和 "时尚"，讨厌粗俗。

而且，倾向购买与自己持有相同价值观的企业的产品，如果是同样功能的商品，即便价格昂贵也会优先购买环保型商品。在美国，随着 LOHAS 的兴起，瑜伽、素食餐厅、代替医疗、环保旅游、风力发电、环保型汽车、温泉很流行。

对健康非常关心的 LOHAS，相对于药品副作用的增加（在美国，第四位死因与药品的副作用、错误用药等医疗用品相关），更倾向对身体有益的代替型医疗。为了避免建材、装修综合症，他们使用木材、硅藻泥等住宅建材，选择纯棉、羊毛、麻等天然材质制作的衣服，喜欢有机食品等，生活的方方面面都崇尚自然。

由于存在这样的消费倾向，有机食品、天然化妆品、天然家庭用品、天然材质的衣服、天然药品（维生素、矿物质、药草、类似医疗等）的市场由 1990 年的 40 亿美元发展至 2000 年的 250 亿美元。有观点认为，2010 年达到 500 亿美元，2020 年则可能达到 1000 亿美元。

依据这样的消费潮流获得发展的是美国全食公司。

吸引有婴幼儿的顾客的要点

吸引有婴幼儿的顾客是今后零售业发展不可或缺的课题。

①塔吉特的 "Subscription" 活动

塔吉特开始尝试开展称为 "Target Subscription" 的婴幼儿用

品定期购买服务。

Subscription 是指以免除运费的方式，将尿不湿、奶粉等定期消耗的 150 件婴幼儿用品送达给签约顾客的服务。此类顾客可以在 4~12 周内指定送达日期，在派送前 10 日内会收到确认通知。

此外，在芝加哥的 10 家店内尝试导入了强化婴幼儿用品的部门。派遣专业的婴幼儿顾问常驻于与育儿网站 Baby Center 合作的婴幼儿部门，回答顾客的咨询。婴儿车的陈列有助于顾客的试用，桌面上配置了 iPad、终端机供商品检索和 Baby Registry（输入庆祝生日时希望得到的商品，亲友们看到后会从这些商品中选择作为礼物进行赠送的系统）。

这项活动的导入主要是为了获得新客户，但对销售也产生了很好的影响。由于有婴幼儿的家庭会在一家店内购齐所有商品，所以购买金额很大，能带来巨大利润。

②玩具反斗城（Toys "R" Us）公司的 "Baby Birthday Club"

美国的玩具反斗城公司提供这样一项服务。10 岁以下的美国籍孩子只要提供姓名、性别、父母亲的名字、生日等个人信息，就能加入 Baby Birthday Club。加入这个俱乐部，可享受以下优惠：

● 提供各种让人激动的生日宴会的方案。

• 收到来自玩具反斗城公司的卡通人物 Jeffrey 的生日贺卡和礼物。

• 生日那天光顾店铺的话，会在玩具反斗城公司店内被带上皇冠，收到礼物气球。店内还会播放有关孩子的生日祝福语，店内的员工和顾客会一同为孩子唱生日快乐歌。

• Jeffrey 会打电话祝贺。

在玩具反斗城过生日的孩子们都很开心、表情激动。看到孩子幸福的样子，父母也是一脸幸福。该活动成功地吸纳了新顾客，维持了客源，让顾客很满意。

7 Experience（良好的购物体验）

在美国，网络销售发展很快。消费者对优先考虑自己方便的店铺很敏感，也许会选择便利性较高的网络销售。

零售店铺要想复兴，需要重新深入理解消费者的购买心理，提供满意度较高的购物体验。

让我们从"易于购买的卖场""令人感觉激动的卖场""提供综合方案的店铺"等角度，看一下提高满意度的方法吧。

"Ha、Ka、Ta"法则

消费者所需求的是"Ha、Ka、Ta"（日语中相应词汇的首字母发音）。"Ha"是容易进入。"Ka"是容易购买。"Ta"是容易快乐。

容易进入

①外观改变消费者对店铺的印象（初始印象和光环效应）

人是有感情的动物，比起道理更讲感情。外观形象好的店铺会整体感觉都好。对此，我表示赞同。

哈佛商学院研究表明，兴隆的店铺和没有顾客的店铺的差异，产生于掌管人感情的右脑的印象差异。

因此，可以说，给掌管感情的右脑以 "感觉不错" 的强烈印象，然后再给掌管逻辑的左脑以 "备货齐全、价格低" 的印象，这样就能吸引消费者。心理学上称为 "初始印象" 和 "光环效应"。

所谓 "初始印象" 是指最初留下的印象比较深刻。对于零售店而言，最初给消费者留下的印象越好，就越能持续。这就是给右脑留下的印象。

所谓 "光环效应" 是指在评价某个对象时，受到某个显著特征的影响，也会对其他方面给予好评的心理现象。对于零售店而言，店铺的第一印象好了，那么对商品、价格等其他方面也会产生好的影响。

可以通过发挥 "初始印象" 和 "光环效应" 的作用，提升顾客对店铺整体的好感。

例如服装店，装饰店头的橱窗展示的好坏会决定顾客对店铺的印象。但是，如果工作人员不够整洁、没有品位，那么即便外观印象再好，在光环效应的作用下，顾客对店铺的评价也会降低。

②有顾客的店铺容易进入（同调法则）

顾客盈门的店铺会有更多的顾客光顾。

如果是排队等候的拉面店，顾客就算排队也想吃，所以队伍就更长了。相反，顾客稀少的店铺，顾客会犹豫要不要进去，这样顾客就越来越少。我们将谋求和他人做同样事的内心活动称为同调效果。

因此，即便是只问不买的顾客或者打发时间的顾客也该欢迎。虽然本人没有意识到，但却发挥了"托儿"的作用。

此外，正如滞流不动的水容易变臭一样，没有活力的店铺也会衰败。

工作人员勤恳地擦拭柜台，保持整洁，麻利工作，就会让人感觉到店铺的活力，顾客也会盈门。如果没有顾客，也应该忙碌地运营店铺，给人留下充满活力的印象。

这同样适用于商品的销售。

如果有畅销的葡萄酒，则可以公布销售前十名的产品。据说，某超市公布了该店销售前十名的商品，之后这些商品都很畅销。因为大家都对买的商品比较放心，这种心理发挥了作用。

在男性化妆品柜台张贴"本店畅销POP"的店铺也销售很好。代理购买商品（主妇代买丈夫、儿子使用的化妆品）时，POP信息成为购买的判断标准。

③颜色对购买心理的驱动作用（颜色的法则）

有这么一句话，"形状作用于知性，颜色作用于感情"。

伦敦的黑衣修士桥以前因经常发生自杀而出名。或许在多云多雨的伦敦，颇具庄重感的黑色会给人带来郁闷的感觉，而导致自杀吧。据说，后来，桥改为亮丽的颜色，自杀者降至三分之一。颜色对感情的作用，有时甚至可以挽救生命。

刺激人知觉的颜色的作用很大。

人通过五感获得信息，其中大约八成是通过视觉作用。而视觉信息的 80% 是颜色，也就是说人的感觉的 60% 多是颜色。店铺也因为不同的颜色而给人不同的印象，甚至影响客流。

因此，零售店铺应对颜色作用保持敏感。

例如，红色给人兴奋和活力的印象，通过刺激副交感神经，让胃肠活动活跃。另外，也会给人痛苦、血腥、恐怖、热等印象。因为是兴奋色，所以红色容易带来疲劳感。

服装店的定位和销售对象很不相同，有高级服装店、休闲服装店，儿童服装店、少年服装店，男士服装店等。关键是选择各自适合的颜色。

容易购买

①强买强卖的话就会失去购买欲望［reactance（逆反）现象的法则］

明显的推销、没有选择的推荐等容易让顾客产生逆反心理。因为心理逆反会发生作用。

有个很有趣的例子。销售儿童服装的米奇店（Miki House）

让员工养成站在顾客立场思考的习惯，其原因是其创业时的经验。

刚创业时，九州的零售店从大阪的纤维批发商进货。在大阪设店的该公司木村皓一社长决定亲自前往九州，他带着试制品来到了鹿儿岛、熊本、佐贺、博多的批发处，但是对方甚至没有给他说话的机会。

木村皓一社长想：为什么不行呢？后来，他注意到"是不是推销的方式存在问题呢？有什么优点？如果不站在对方的立场经商就不行"。

之后，在小仓店，他详细说明了自己产品的优点，对方回答道，"把你所有的试制品全部留下"。由此打开了销路，奠定了现在米奇店的基础。

这同样也适用于店铺的待客。

在顾客进入店铺后，就应该让顾客按照自己的节奏或方式购物。

员工马上凑过来的行为很让人讨厌。因为顾客心中期待的是"Leave me alone……but take good care of me"（让我一个人购物……但是必要的时候请马上过来）。

而且，只经销畅销品的店铺很乏味。读者自己试想一下就能明白：当你要购买口红时，只经销 4 种畅销品的店铺和经销 15 个品种以上的店铺，哪个让你感觉更好呢？

②轻松地试穿、触摸("See me，Touch me，Feel me"法则)

顾客在购买商品前想要自己看、触摸、感觉，然后确认。这样的想法，无论是购买服装还是食品，都是一样的。因此，应该尽量给顾客提供接触商品或者服务的机会。

接触这一行为，是满足人的好奇心和占有欲的第一步。提供试驾服务，汽车的购买率就会提高。提供实际感觉空调温度和风力的服务，顾客就能接受并购买。在服装店，即便是只逛不买的顾客，也应该尽可能提供试穿服务。试衣室应该注意氛围、照明、香味、镜子等方面的配置，以让顾客有好心情。

最近，美国的百货商店为了让顾客试穿环境更宽裕，将试衣室的面积扩至原来的 1.5 倍，为了让镜中的顾客形象更美，在照明和穿衣镜方面做了精心研究。因为他们知道，通过"See Me"(看)、"Touch Me"(触摸)、"Feel Me"(感觉) 等，能大幅度提高购买率。

③专业建议 (威信效果的法则)

为了说服顾客，应借助专业的力量。因为人比较相信权威，容易相信具有专业知识和能力的人，或者有名的人的话。这叫作"威信效果"。

健康节目中报导的商品第二天销售一空、生产者介绍的有机蔬菜受消费者青睐、对宫内厅御用的绝对信赖等都是"威信效果"。

在服装店，如果有设计师的照片和介绍，会增加顾客的购买欲望。而介绍名人喜欢的样式和颜色、巴黎和纽约的畅销状况、张贴报刊刊载的 POP 等，效果会倍增。因为消费者对不为人知的一面很感兴趣。

对于犹豫不决的顾客，员工的一句"我也很喜欢"的效果很大。不少顾客虽然决定购买，但对自己的选择感到不安。这时，收银台员工的一句"您买的东西真棒，您眼光真好"，会让顾客感到心满意足。

媒体广告、宣传单上经常刊载知名人物或专家的建议。这在营销界，称为"推荐式广告"。著名人物或者有权威的人介绍商品的优点和品位，可以给消费者带来安心感，激发需求。

美国的 Bartell 药店经常使用这个方法。例如，设置了"药剂师推荐的大众药"区域，根据不同季节的需求，陈列商品，使用数字 POP、电视屏幕、手写 POP 等方式予以介绍。

在日本，也有店铺在商品上贴上"某名人喜欢的葡萄酒""某明星使用的护肤品"等 POP。目的是借助名人效应获取消费者的信赖。

重要的是，推荐的人必须实际使用、体验到商品的优越性。只是嘴上说"我也用过，很好的商品，推荐大家使用"的话，明智的消费者，特别是人生经验丰富的老年顾客马上就能识破。

对于企业和商品的信赖，不要说归零了，甚至会变成负数。

例如，"威信效果" 起效的葡萄酒。

种类庞大的葡萄酒，单看其商标，是不知道味道的。顾客因为不想买错，所以也不会尝试新品种。这时如果某权威人士加以点评，就会不知不觉购买了。

酒类经销店和超市使用最多的是帕克评分的标识。

这是世界上最有名的葡萄酒评论家罗伯特·M. 帕克施行的评分。以 50 分为基本分，从各个角度进行与价格无关的打分、综合评价，满分是 100 分。作为一种公平的评价，得到全世界的认可，是选择葡萄酒时不可或缺的参考。

此外，美国最畅销的葡萄酒杂志 *Wine Spectator* 综合考虑价格等因素，进行评价。

每年年末在杂志上刊登世界前 100 位葡萄酒的名单，该杂志的评价在全世界具有很大的影响力，也有店铺以其评价作为 POP 推荐葡萄酒。

我喜欢寻找评价高、价格不贵的葡萄酒，这时他们的打分非常有用。

④根据顾客需求 "片面评价、综合评价"（交流的法则）

所谓 "片面评价" 是仅指出商品或服务的优点，进行肯定性描述的方法。所谓 "综合评价" 是指出优点和缺点两个方面的方法。

例如，销售棉麻衣服时，仅仅指出"透气性好，凉爽，所以适合夏季穿着"的优点，就是"片面评价"。而一并指出"缺点是容易产生褶皱，不适合在意褶皱的顾客"这一缺点的才是"综合评价"。

其效果因顾客持有的信息和知识而不同。

对于拥有足够商品知识的顾客而言，"综合评价"比较有效。

容易快乐

顾客希望店铺是"非日常的"（非日常效果的法则）

顾客喜欢让人心情舒畅并有所发现的店铺。

这并不是说卖场要乱糟糟的。卖场的整理整顿是前提，重要的是给人以强烈的冲击感，让人感觉愉快、激动。

人的生活有"Hare"和"Ke"。"Hare"是指非日常的时间和空间。"Ke"是指日常生活。人如果一直只过着日常生活，就会感到乏味不堪。顾客之所以前往店铺，就是期待与日常生活有所不同。

在美国，"销售是节日，陈列是艺术"是常识。

如果不能创设与时节相符的"非日常"氛围，顾客就会厌倦，也就不会再光顾了。销售正是和"厌烦"所作的战斗，以前生意兴隆的店铺销售额衰败也正是未能跨越"厌烦"这道壁垒。必须根据顾客的来店频率，提出"What's New?"（新的东西是什么?）。

所谓生意，就是如何设定非日常的日子，要想改变商品和卖场，必须根据季节、活动、纪念日等，有意识地改变货品和陈列。

易于购买的店内 MD

商品销售中关键的是确保消费者的"mind share"和卖场的"space share"。

"Mind share"是指商品留给消费者的印象，为了提高"mind share"，需要做广告、PR、消费者宣传等活动。

"Space share"是指卖场商品容易寻找、容易选择、容易拿取等。为了提高"space share"，必须做好货架分配和店内商品供应计划。

由于媒体作用低下，在店铺决定所购商品的人增多，店内商品供应计划的设定就更为重要。

下面介绍一下根据人类心理学和行为学设定的美国的店内商品 MD。

提高购买件数的"购物篮效果"

持有购物篮的 70% 的顾客会购买商品，不持有的则只有

30%才会购买。在沃尔玛，使用购物推车的顾客的购买量是不使用购物推车的顾客的购买量的4倍。

拿起购物篮的瞬间，意识就变更为购物模式，想要好好购物。让顾客拿起购物篮是增加购买率和购买件数的最简单有效的方法。

为此，美国的零售业努力让购物篮和推车的使用率无限接近100%。

也有厂家与超市合作，在购物篮中贴上介绍本公司产品的POP、放入促销宣传单。这样的创意促使顾客利用购物篮，有效地宣传了商品，所以对于超市和厂商而言是Win-win（双赢）的。

①在入口处递上购物篮

美国的零售业为了提高便利性和购买件数，在入口处会将购物篮或推车递给顾客。

沃尔玛和塔吉特等在入口处安排了接待员，一边向顾客打招呼，一边建议使用购物推车。友好亲切的接待给顾客留下了美好的印象，目光的接触也能有效防止偷盗行为的发生。

②安排好放置场所

购物篮放置在入口处的右侧是铁则。因为大多是右撇子，放在右侧便于顾客拿取。而推车则左右两侧都可以。为了让购物途中的顾客方便使用，也需要在卖场内放置购物篮和推车。

特别是购买率较高的商品、大件商品的附近，一定要有所安排。在西雅图开店的 Bartell 药店在 400 坪的卖场内设置了 14 个购物篮放置处。

诉诸五感以吸引消费者的注意

声音、光线、动作、香味等刺激五官的话，人就会有所反应。斯图·伦纳德每隔几分钟就会在香蕉柜台设置唱歌跳舞的木偶。顾客受到其声音和动作的吸引，香蕉的销售额因此也提高了。

备货从绿色至黄色等五个颜色的香蕉，料理、蛋糕、果汁等，介绍符合各种颜色和状态的菜单。

以 "Do you know" 的宣传方式引导顾客

美国心理学家 Joseph 和 Hary 提出了被称为"乔韩窗口"的交流范型。

根据这个理论，如果在 POP 上指出顾客不知道的或者忘记的事项，理解、接受度就会增加，冲动购买的倾向会增强。

例如，在美国，到了容易患感冒的季节，牙科医师协会就会举行"患了感冒就更换牙刷吧"的活动。患了感冒后如果持续使用同一牙刷，附着在牙刷上的感冒病菌就会在口腔内繁殖，感冒也难以治好。

日本的店铺贴了"患了感冒就更换牙刷吧。附着病菌的牙刷会延长患感冒的时间"的"Do you know"（您知道吗）POP宣传单，集中购买牙刷的顾客增多，甚至有了 3 倍多的销售额。可见，如果被建议了自己不知道的或者有所遗忘的事项，就会产生直接购买的驱动。

跨部门的"Cross MD"

沃尔格林在圣诞季节会专门在化妆品柜台陈列香槟酒。这个时节的化妆品柜台的主题是合并陈列参加圣诞晚会所需的化妆品、礼物、香槟等。

日本的某中坚药店也在化妆品柜台陈列了女性喜欢的三得利甜露酒"Macadia"。药店对因压力和睡眠不足造成皮肤粗糙、暗淡的女性提出了"首先喝甜露酒，好好休息。待身体恢复后再化妆吧"的建议，甜露酒的销量因此大幅增加。如果仅仅是酒类销售柜台，恐怕很难达到这样的效果吧。

20 世纪 80 年代，我在 J & J 工作，当时婴儿化妆水的销量大增。这是在大人肌肤护理柜台张贴"细心呵护婴儿肌肤的化妆水，同样呵护大人的肌肤"的 POP 宣传单的结果。

这样的布局让购物变得容易

卖场布局有各种样式。

"Grid" 式的布局将商品摆设成进深长的样式。这适合便利店、药妆店、超市等短时间内顾客较多的地方。

"Free flow" 式的布局，不将商品按一种类型来摆设，而让顾客能自由挑选。这适合一边欣赏一边购买的服装专卖店等。

"Race track" 的布局，就如运动场的跑道一样，组成主通道。这适合大型百货店、GMS（综合超市）、折扣店、家庭用品中心等。

无论哪种业态，让顾客轻松购物的布局是绝对条件。必须要让顾客在店内购物时，能在有限时间内轻松、愉快地购物。特别是时间比较紧的顾客或者老年顾客，对于布局分明的需求较高。

销售日常用品的店铺，应根据消费者的心理学和行为学，设置卖场布局。要点如下。

①能瞬间明白卖场布局

对便利性要求较高的药店等业态，让消费者瞬间明白欲购商品的所在地是必需条件。

顾客在进入店铺的瞬间判断是否容易购买。

如果入口在店铺的一角，那么就得以 90 度的视觉范围环顾左右。如果入口在中央位置，那么就必须以近 180 度的视角环顾四周。仅仅这点顾客就会感到压力。

曾经比较有名、后来被收购更名为 Payless 的药店设置了比较独特的布局（在卖场中央设置了化妆品区域，其他的销售部门设置在从那儿呈放射状延伸的主干通道的两侧）。

新开店时，评论家和媒体都连日大肆报道。但从实际使用来看，店铺内容易迷路，很难搞清楚想要购买的商品位于哪个位置。结果，发展受挫。

为了让顾客习惯来店，重要的是设置即便顾客闭上眼睛也能购物的布局。

②与购物行为相符的分区

●与购物允许的时间相符

将商品分类，将卖场设置成几个区域，购物时间就可缩短。

超市购物允许的时间为 30 分钟，一般都分为果蔬、精肉、鲜鱼、家常菜、面包、加工食品等区域。

沃尔格林将卖场分为美容、健康、便利店（主要是快餐食品）、家庭用品和日用品等 4 个区。将 10 分钟购物的卖场分为 4 个区域，与从人类行为学的角度推导出的规则相符。

●分区考虑"Framing 效果"

为了确保利润，引导顾客购买很重要。顾客的价格意识淡薄，也会给店铺带来高利润。

为此，布局应从冲动购买较多的商品开始，如超市的果蔬、药妆店的化妆品、折扣店的服装等。

购买最初所见到的商品，会影响顾客的心理以及整个购物过程。如果购物始于冲动购买，那么冲动购买就会留下印象，在下一个卖场也会毫无抵触地冲动购买。

某调查显示，非计划性购买（来店后决定的冲动购买）的比率为 60% ~ 70%。非计划性购买冲动性强，对店铺的利润贡献度也大。女性步入社会工作，可自由支配的时间越少，冲动购买的倾向就越强。

计划性购买的比率为 30% ~ 40%，分为吸引顾客来店的"Traffic builder"式购买和在店内徘徊购买。但是，由于是存有价格观念的购物行为，所以较难获得高利润。为了增加利润，必须增加冲动性购买。

此外"非日常→日常"的变化也很重要。

因非日常商品而 Framing（留下印象）的时候，顾客的目光会自然地转向日常商品。但是，因日常商品而 Framing 的时候，意识很难转向服装等非日常商品。

药妆店，因日常商品（卷纸、洗涤剂、冷冻食品等）Framing 的时候，很难将注意力转向化妆品。

沃尔格林遵循"始于冲动购买，结束于冲动购买"的规则，布局配置以 60% 的冲动购买为目标。

进入店铺，顾客首先看到的是冲动购买率最高的美容商品，然后是计划性购买较强的健康商品，最后是冲动购买率较高的日常商品，如胶卷、电池、磁带等。

特别重视非日常的迪士尼，不允许在草坪上吃东西、不允许带入食物等也是为了排除日常性。如果允许日常事物，那么兴奋感就会有所减小。彻底排除日常性，可以维持超过90%的二次光顾率。

● **购物的初中期判断力会发挥作用**

卖场布局的一个要点是，在购物的初期和中期陈列需要判断力的商品。因为随着时间的推移，顾客集中力降低、疲劳加剧、时间紧急，购买欲望和判断力会有所降低。

例如，刚开始购物时，陈列顾客比较感兴趣的商品、化妆品、服装、果蔬、主题陈列、季节商品、高额商品（只是，如果在入口处就这样陈列，会给人门槛高的感觉）。

美国的药店，在第一主干道上配置趣味性较强的美容商品，在第二主干道上陈列稍需要判断力的大众药和健康商品。然后，在第三主干道和第四主干道上分别陈列快餐食品，以及便利性较高、挑剔性较低的杂货等。

③**卖场布局有条理的话，比较容易购物**

卖场布局越有条理，购物越容易。

超市入口处陈列季节感丰富、色香味俱全、冲动性购物率较高的果蔬类产品，然后是可以与蔬菜一齐烹调的精肉、鲜鱼，最后是刚刚做好的熟食。陈列从需要烹饪的商品到可以直接食用的、便利性较高的商品，具有一定的条理。

④主干通道最好是逆时针转

人对右侧事物的关注力强，商品也容易拿取。

因为，90%以上的人是右撇子，视线容易转向右侧，右撇子的人一般左手拿购物篮，右手取商品。所以，主力商品应陈列在右侧，以吸引顾客的关心。

此外，主干道路应设为逆时针转。这样左手拿购物篮时不会碰到货架，比较容易购物。

无论是棒球，还是田径或者运动会，通常都是逆时针转。在绕圈运动时为了让惯用脚、惯用臂取得平衡，很多人从小就习惯逆时针转。

某电视节目报道过，女子运动员进行 400 米赛跑，逆时针转的比顺时针转的快了近 4 秒。因为右撇子的人以左脚为轴心，用灵巧的右腿在外侧蹬腿转过拐角。

⑤主要商品陈列在主干道周围

主干道沿侧是表现店铺核心商品的区域。如果在主干道就能购齐商品，那真的是非常方便的。因此，主干道沿侧应陈列主要商品。

美国优秀的超市、药店将第一主干道称为"魅力主干道"，陈列颇具季节感、色香味俱全的商品。

第二主干道被称为"黄金主干道"，陈列能将顾客引向店铺里面、购买性强的商品。

第三主干道被称为"便利主干道",陈列便利性强的商品。

此外,接近收银台的第四主干道被称为"冲动主干道",陈列冲动性购买、临时决定购买多的商品(见表34)。

表34　主干道的部门配置

干道	超市	药店
第一主干道(魅力主干道)	果蔬	美容商品
第二主干道(黄金主干道)	精肉、鲜鱼	健康商品
第三主干道(便利主干道)	家常菜	快餐食品
第四主干道(冲动主干道)	收银台周围商品	家用杂货

⑥易于购物的通道宽幅

通道宽幅的原则是"来往行人能自由通行"。

女性的平均肩宽约50厘米,垂下臂膀时身体的宽度为60厘米,所以,顾客行走交错时最小需要120厘米的宽幅。

如果主干通道狭窄,顾客就不能转到店的里面,所以最小的宽幅应为180厘米。

几乎所有顾客都会走过的第一主干道应比其他主干道宽,收银台前面的第四主干道由于等待付款的顾客比较多,所以应确保300厘米。特别是顾客拥挤的兴隆店铺,应该确保足够的宽度。

此外,非主干通道的宽幅应为主干通道的70%~80%,这样比较好。

让人耳目一新的端架

相似的东西放在一起，其特色就会淡薄，这被称为 "重叠现象"。

按照这个原理，想要出售的商品或者希望引起顾客注意的商品，应该陈列绝对的数量，使用与其他不同颜色的 POP 等，让其醒目。如果不能做到这样，与其他商品的区别就会难以显露出来，卖场就会让人觉得乏味。

其中，最想强调的是端架，有以下要点。

① 端架的 3 个作用

● 举办主题活动

以季节性活动、生活提案为主题，给顾客留下魅力卖场的印象，通过提出各个季节不同的商品购买建议，宣传专业性之高。

● 吸引顾客扩大所逛范围

端架被称为 "第三磁石"，具有吸引顾客进入传统商品区域的作用。

● 促销

举办活动，进行促销，让顾客感到卖场具有魅力、富于变化。如果一直是同样的终端陈列，顾客会厌烦。

● 提高营业额和利润

终端 1 件商品的销售额相当于货架的 3~10 件商品。陈列高利润商品，确保营业额和利润。

②端架陈列的商品

端架应陈列至少满足以下条件的商品。

●与货架商品相关

终端陈设的商品，重要的是与相连的货架商品具有连续性。例如，与口腔相关的商品货架的终端应该陈列口腔商品。因为顾客会通过终端商品推测货架内的商品。如果终端商品与货架内商品没有关联性，就会不方便购买。

我看到过很多药店在化妆品货架的终端放置杀虫剂、在点心货架的终端放置宠物食品等缺少常识的陈列方式。

对于这样的店铺，顾客很难感到专业性、很难产生信赖，因此就会一味追究价格低。结果，店铺不能提高营业额，也不能提高利润。

●认知度高的商品

终端商品具有吸引顾客扩大所逛范围的功能，所以如果陈列的商品认知度不高，顾客就不会关注商品，所逛的范围也会缩小。

因此，除了新产品等大家关注的商品以外，还应该陈列认知度较高的地区商品（如地区的棒球、足球、篮球等人气队伍的商品）；应避免只陈列认知度较低的 PB 商品。

●富于季节感的商品

通过端架商品的陈列，诉诸季节感，吸引顾客注意所需商品，提高与活动相符的氛围。

●**使用率高的商品**

卷纸、洗涤剂、饮料、点心等使用率高的商品，在注意到的时候冲动购买的概率较高。为此，可以通过摆设在端架以提高对商品的注意力。

●**利润率高的商品**

关注度高的端架商品的冲动购买概率较高。关注度最高的入口正面的终端应陈列利润率高的商品，以确保利润。沃尔格林将结账前端的端架作为确保利润的商品陈列处，摆放着毛利润率在 50% 以上的商品。

沃尔格林（Walgreens）的终端陈列

我们看一下沃尔格林的终端陈列吧。

①终端的作用

在沃尔格林，各个终端的作用是确定的。收银台前面的终端商品是为了确保利润和举办活动的。里面的终端是吸引顾客的折扣商品。配药室前面的是向药剂师咨询比较多的健康类商品（感冒药、镇痛剂）。中间通道是起诱导作用的商品。

②确定终端商品的目标利润

该公司的基本规则是 "终端商品是其他区域商品的 3 倍利润"。为此，应根据终端重要性的不同，选择陈列的商品。

店长根据各个终端的顾客通过率和商品确认率，将商品区分为 1~5 point，确定 1 point 的基准毛利润额（但是因商品的销售额不同而不同）。

例如，顾客通过率较多、容易引起注意的终端为 5 point。里面通道、中间通道、角落的终端由于通过率和商品确认率比较低，所以相应 point 也比较低。1 point 的终端多放置清仓商品和"1 美元商品区"（见表 35）。

店长每周检查终端商品的销售状况，更换没有达到基准毛利润的商品。

表 35　每周销售额达 30 万美元的店铺的终端分类

终端分类	基准毛利润额（美元）
1 point	600
2 point	1200
3 point	1800
4 point	2400
5 point	3000

③ "Overlying" 陈列

仅仅陈列宣传商品，终端的利润是很难保证的。摆放特卖商品卷纸的同时，应一并摆上以日常价格销售的厕所洗涤剂、除臭剂等，做好"overlying"陈列，强化关联商品的销售，提高综合毛利润。

④终端旁侧商品的陈列

终端旁侧商品的陈列容易被忽视，但沃尔格林却非常重视，以让顾客多买 1 件为销售目标。摆设日常用具，供基本商品销售区、促销商品销售区使用。

卖场管理不好，容易发生缺货现象，所以沃尔格林每 3 个月审核、补充商品，避免顾客产生厌烦感。

⑤陈设利润较高的 TLC

"TLC" 是 "temporary low cost" 的略称，指 3 个月连续打折销售的商品和利润率较高的商品。作为长期折扣商品或者店长推荐商品摆设在货架终端。

收银台前的区域是主要收入源

在美国，收银台前面区域受到重新认识。

顾客繁忙、老年顾客的增加、卖场缺乏变化、备货过剩、购物时间的缩短等原因，顾客在整个店内逛的时间变少。

零售业一般通过壁面销售区陈设、吸引顾客前往主干道尽头、端架陈设和货架中央陈设等，提高购买件数。

但是，实际上，顾客并不像店铺期待的那样在店内逛。然而，收银台前面区域是所有顾客都会通过的地方，具备销售额高、利润高以及冲动购买率高的特点。

为此，很多商场都将其作为和端架、通道并列的魅力区域，对收银台前面区域的营业额、毛利润进行预算，安排专门的负责人与购销员进行该区域的卖场建设和管理。

沃尔格林通过扩大面积、张贴POP、提高商品确认率等使收银台前面区域的销售额比一般店铺高36%。

该公司除了通常的结账柜台，还在配药室、化妆品柜台、照片柜台等三个地方设置结账点，并将这些结账点的总销售额目标设为商品整体销售额的5%。

为了达成目标，在收银台前专门安排了人员，以食品和杂货各占30%，其他占40%的比例，组建跨区域的卖场管理模式。

该区域的备货以"认知度高、具有销售力""能获取足够的毛利润""周转率比较高"为基本条件，吸引顾客临时决定购买或者冲动购买。

强化收银台前区域的方法

①收银台前区域的商品陈列应以让顾客冲动购买为目标

收银台前区域适合陈列冲动购买的商品，应陈列让顾客感觉"这个必须买""有趣"的商品。相反，该区域不适合的商品有特卖商品、活动商品、PB商品等购买目的性强的商品，以及高单价、认知度低的商品等。

②与选址、顾客层次相符的备货

美国的药店根据选址确定主要顾客层次和备货内容。收银台前面区域也以和目标顾客相符的备货为基本。

除通常商品外，观光游客较多的商业区域可多放一些土特产，办公区域则可多放一些预防口臭的薄荷口香糖、牙齿美白产品，住宅区域则可多放一些家庭用品等商品，根据选址不同强化相对应的备货。

③与收银台的工作时间相符

所有收款处的工作时间并不全都是一样的，既有经常开放的，也有仅在人多时开放的。通过的客流因此而有很大的不同，很多时候也能由此确定顾客的层次。

超市傍晚高峰时间段开放的收银台区域需要放置该时段必需的商品。与熟食区域临近的收银台的大部分顾客是在职女性，所以准备便利性高的商品以及高价格区间的商品比较好。

④与天气变化相符

根据天气、气温等的变化，机动地改变卖场的设置，以让顾客感到商品新鲜的店铺在增加。白天使用、晚上使用，下雨天用、下雪天用，夏天用、冬天用等，也有店铺使用可动装置，机动地、迅速地变更卖场布置。

此外，收银台前区域，大多陈列价格适中的商品，为了避免因循守旧，也有店铺陈列 40 美元左右的热销新产品。

⑤与季节对应调整商品

不受"收银台前面是常温商品"固定观念的限制，与季节相对应，放置热、冷商品的店铺在增加。夏天配置小型冷藏、冷冻箱，陈列清凉饮料和冰激凌。冬天则使用保温箱，存放热面包和热咖啡，吸引顾客购买。

⑥收银台的"最终留存效果"

无论店铺再怎么好，价格再怎么低，备货再怎么丰富，购物最后收银台的陈列、整理整顿以及待客态度等，会整个改变顾客的印象，顾客也会因此决定是否再次来店。

这在心理学上被称为"最终留存效果"，即最后的所见所闻会留下强烈印象。"结尾好，则一切都好"也表示了"最终留存效果"的作用。

美国成功的零售业，在收银台都安排了优秀的员工，以密切关注收银台附近的整理整顿以及等候区的状况。

⑦独特的收银台前面区域的陈列

也有通过去除原有陈列商品而让卖场富于活力的例子。如韦格曼斯的"No candy register"。糖块是收银台处常有的商品。根据一些母亲提出的"不希望孩子看到糖"的要求，韦格曼斯向携带孩子的母亲提供"No candy register"的结账服务。

斯图·伦纳德在结账处设置了电视机播放新闻节目，当等待结账的队伍较长时，会提供食品的试吃服务，员工也会与顾客攀谈，以缓和等待结账的焦虑。

Trader Joe's穿着夏威夷衫的开朗收银员一定会和顾客打招

呼，"今天是个好天气啊""昨天 UCLA 的足球比赛真棒"等。有的店铺还以知名道路的名字（如 Market street、Van Ness）命名结账处，以推动顾客的地区意识。

此外，为了公平地安排等待结账的顾客，通常让顾客排成一列，然后按顺序引导顾客前往空的收银台。这样的店铺在不断增加。美国全食公司安排顾客按照字母顺序排队，通过电视画面以及广播引导顾客在收银台结账。

POP 是 "沉默的接待员"

"沉默的接待员"是指 POP。

POP 是 "Point of Purchase"（购买时的广告）的简称。与面对面服务的销售员有所不同，在自助式的商店，POP 静静地向顾客打招呼，"See Me（看我）、Touch Me（拿起我）、Feel Me（了解我的优点）"。

购物的顾客 1 分钟内经过 300 件以上商品的前面。在庞大数量的商品中，POP 吸引顾客的注意，告知陈列场所，提供商品的信息。

美国的某项调查显示，通过提供商品信息和价格信息，POP 的销售效果显著（见表 36）。

此外，经非营利营销团体的 POPAI 的调查，由于张贴 POP，顾客的冲动购买率为 20% 左右（见表 37）。

表36　POP 的销售效果

商品 POP	提高 18%
商品信息标识	提高 33%
商品价格标识	提高 124%
宣传单商品的标识+特别价格标识	提高 194%

表37　POP 与冲动购买的关系

商品	冲动购买率（%）
化妆品	23
香烟	13
医药品	25
家庭用杂货	23
女性卫生用品	18
男性化妆品	24

　　街上随处可见的招牌、广告、道路标识、橱窗陈列……；家里、办公室播放的电视、广播、派送的报纸、杂志、链接的网络、邮寄广告、宣传单、亲朋的介绍或口口相传……；店铺张贴的 POP、播放的店内广播、电视、录像……

　　我们生活的周围，由于各种媒体的作用，每天都有大量的信息。如果要处理所有的信息，再多的时间和精力都是不够的。当代社会处于无法完全处理的"信息过量状态"。

为此，人类会采取隔绝信息的心理行为。简而言之，不接收信息。卖场随处可见的 POP 也不能吸引顾客的关注，等同于零了。

过去，美国的零售业也和日本一样，卖场里到处都是 POP。但是，最近其数量在锐减，一般只张贴最想引起顾客注意的商品的 POP。也有企业认为 POP 泛滥起到了逆反效果，规定一列货架最多为 7 个。

此外，优秀的零售业认为 POP 的利用应该以如下方式展开。

* 过剩的 POP "等同为零"。
* 蹩脚的 POP 有损信赖性、专业性。
* 为一些视力不好的人、不会英文的人准备绘画文字、照片等。

Trader Joe's、美国全食公司、Publix（帕布利克）等超市在生鲜卖区配置了黑板和白板，用彩色笔制作手写 POP。如果是黑板或者白板，能够写了擦掉，所以可以写上刚入货的推荐商品，在销售完毕后擦掉，始终给顾客一种新鲜的印象。

在制作 POP 时必须注意以下几点。

①1 秒留下印象

最重要的是，一下子引起顾客的注意。使用亮丽的材质、显眼的颜色、奇特的形状等，就是出于这个原因。此外，过多的 POP 会被完全忽视。应该使用具有冲击性的词语，提炼需要宣传的信息，短时间内可以记忆的信息最多为 7 个。

②能 15 秒内读完

顾客只会瞬间注意 POP。即便有兴趣，但由于短期记忆留存的时间为 15 秒左右，所以只有该范围内可读的信息量才会记住。心理学家米勒的实验表明，需要处理的信息越多，错误率也越高。太多的信息只会招致混乱，让购物更为困难。

在美国，以 3S（Simple、Straight、Strong）为基础制作 POP。

- Simple　提炼需要宣传的信息
- Straight　使用具有冲击性的词语，给顾客留下印象
- Strong　印象强烈、生动的 POP

冲击性的词语会让顾客失去客观思考的能力。

美国的超市为了强调新鲜有时会张贴"Just Arrived"（刚到货）的 POP。这是为了向顾客展示"刚到的新鲜商品"。

如果冷静思考就会发现，大部分商品都是当日或者前一天到的，在新鲜度方面几乎没有差异。但是，受到"Just Arrived"这句话的吸引，顾客就会购买。这就是心理学上所说的"Framing（印象）效果"，让顾客持有先入之见，然后购买。

③不使用威胁的话语

POP 应使用让人心情愉快、感到幸福的积极（正面）措辞。

人并不是照搬接受所接触到的、看到的全部信息，而是有

自己的防卫本能，只摄取对自己而言好的信息，会排除一些不好的信息。

因此，如果恐怖感过于强烈，就会无视信息，并进行过低评价。POP、咨询等，积极措辞效果较好。

④使用听起来舒服的措辞

即便是相同的内容，措辞不同，印象也会不同。

例如，关于脂肪成分的表述，"含有 20% 脂肪" 和 "80% 无脂肪" 的两种表述，后者会给顾客留下好的印象。实际上，贴有 "80% 无脂肪" POP 的商品销售比较好。

谢绝的方式也是一样的。

Ralphs 超市提醒店内禁烟时，使用 "感谢您配合禁烟" 的亲切话语，而不是 "请不要吸烟" 的冷淡表述。

虽然意思一样，但给顾客的印象完全不同。

让人激动的卖场氛围

顾客大多是抱着转换心情或者愉快度过的期待来到店铺的。

与优先便利性的网络销售不同，零售业有必要通过试吃、体验等方式，营造良好的卖场氛围，拉开差距。

不开心就不想去

据说，70% 感觉购物愉快的顾客会再次前往。

过去比较优秀的大型连锁店因业绩不振而大伤脑筋的例子有很多。其原因之一是优先追求效率，懈怠了创设快乐的氛围。

　　的确，这样的店铺看起来似乎没有问题。

　　整理、整顿、清洁都做得很好，标识、POP也张贴得清晰。以畅销商品为主，备货均衡，待客也如手册一样统一规范。但是，缺乏引起顾客共鸣的温情，总有一种冷落之感。

　　举个美国的例子，过去备受关注的艾伯森超市（Albertsons）就是这样的。整齐划一、无趣，只追求效率，结果，顾客渐渐远离，公司也卖掉了。折扣店KMart、大型综合超市Sears也是如此。

　　在商品不足的时代，人类的生存需求强烈，所以优先效率的经营方式也能行得通，但是现在不同了。在物品过剩的时代，仅提供商品是不够的，需要提供"快乐"等附加价值。仅销售商品的店铺，除非需要该商品，消费者是不会光临的。而令人感觉愉快的店铺，也会因为转换心情或者打发时间而前往，当然会顺带购买。

　　美国全食公司、Publix、沃尔玛，以及小规模的斯图·伦纳德、Bristol Farms、Trader Joe's、药店CVS、家庭用品商店Bed bath and beyond等，这些获得顾客高支持率的企业，无一例外，都能在卖场感到快乐和兴奋。

　　美国的药店重视Specialty（专业性）、Speed（便利性）、

194

Service（待客性）的 "3S"（见表38），后加上 Show（娱乐性），变为 "4S"。随着网络销售的扩大，实体店的 "让人激动的卖场娱乐性" 受到关注。

零售业已经从以销售方理论为基础的效率卖场发展为顾客易于购买的卖场，而这也已经落后于时代了，现如今是让顾客能愉快购物，提供时间消费环境的时代了。

表38 药店的 "3S"

3S	内容
Specialty （专业性）	健康和美容的专业性。最近，可以进行诊疗、预防接种，以健康综合店铺为目标。由美容专业人士进行肌肤诊断、咨询、化妆、画眉、美甲服务
Speed （便利性）	能快速购物的便利性。小商圈、长时间营业、可短时间购物的店铺规模与布局。最近导入网络销售功能，实行全渠道零售
Service （待客性）	亲切接待，让顾客感受到自己是贵宾。通过导入忠实顾客计划，提供与商圈顾客相符的备货、服务

创设快乐氛围的店铺能提高业绩

创设快乐氛围的店铺不仅能吸引顾客来店，也能提高销售额和利润。因为顾客在店铺待的时间变长，从而增加了销售额和利润。根据店铺的不同氛围，销售额会有 20% 左右的不同。

时间可以分为两类。一类是"物理时间"（钟表上显示的时间），另一类是"认知时间"（人感受到的时间）。

人很多时候是根据做了什么、发生了什么而感觉时间流逝的。所以，"认知时间"很重要。

在等人或者堵车时，即便同是30分钟也会感觉偏长；没有兴趣的课也是一样，会感觉时间过得很慢。相反，与恋人一起度过的快乐时光则会觉得短，专注于打游戏时，也会觉得时间瞬间飞逝。

购物也是一样的。购物时如果感到"啊？已经到这个点了"，则表明购物很愉快。快乐的时光飞快流逝，无聊的时光则度日如年。

美国的营销公司进行的有关"快乐氛围会怎样影响购物行为"的调查也显示了同样的结果。

在这项调查中，提前向参与调查的顾客询问了预定的购物时间和购物预算金额。在购物开始15分钟后，让参与者以满分10分的方式给自己愉快购物的状态打分。结果显示，越是评价高的人，其实际购物时间越长、购物金额也越高。

因此，运用"快乐的时光感觉短暂"的心理作用热情待客，创设让顾客感觉快乐的氛围进行促销是很重要的。

其中一个是举办活动。美国的零售业非常重视各个季节的活动，以让顾客感到购物愉快，体验非日常。

例如，沃尔格林 52 周促销计划日程安排，提前 1 年设定计划，在供应商和经销商的协助下举办活动（见表 39）。

表 39　沃尔格林的年度活动

季节	种类	时期
冬	圣诞节促销	11 月上旬~12 月 24 日
	冬季商品大减价	12 月 25 日~1 月中旬
	情人节	1 月中旬~2 月 14 日
	St. Patrick's Day（圣帕特里克节）	3 月上旬~3 月 17 日
春	复活节	3 月中旬~4 月中旬
	儿童节	4 月上旬~4 月下旬
	母亲节	4 月中旬~5 月中旬
夏	父亲节	6 月上旬~6 月下旬
	毕业季	5 月上旬~6 月下旬
	六月新娘节	6 月中旬~6 月下旬
	独立纪念日促销	6 月中旬~7 月 4 日
	夏令商品大减价	7 月 5 日~7 月中旬
	暑假	7 月上旬~8 月中旬
秋	新学期	8 月中旬~9 月中旬
	万圣节	10 月上旬~10 月 31 日
	感恩节	11 月上旬~11 月下旬

日本家庭固定的节目是圣诞节、新年、儿童节、女儿节、母亲节、父亲节等，万圣节也在逐渐扩展，今后复活节也会成为一大节日吧。

创建令顾客感觉兴奋的店铺

日本最北部的动物园——旭山动物园（位于北海道旭川市）年游园人数曾一时超过 300 万，非常有人气。之后，虽然人数有所减少，但至今仍然很受欢迎。

但是，1996 年，这么有人气的旭山动物园的游园人数跌至 26 万，甚至面临倒闭。那么，旭山是如何跨越危机的呢？

一大举措是创设让游客有"身临其境的感觉"的环境。

旭山动物园制定了"行动表示"的方针，努力让游客看到真实的动物的生态和野生生活状态。例如，能透过玻璃看到在水中游泳的白熊，透过透明的密封舱清楚地看到白熊走路的样子。

猩猩一边闭嘴咀嚼着食物，一边在没有围栏的、高高的空中回廊步行。在黑猩猩森林，还可以从空中桥梁的下方近处观察黑猩猩的行动。

此外，企鹅在园内走动；参观者被老虎吓到尿失禁。长颈鹿去世时，系上服丧的牌子，让孩子们感受生命的珍贵。

这样身临其境的感觉给人留下深刻印象。

"See Me（看我）"让游客现场看到动物的生活样态。

"Touch Me（触摸我）"让游客触摸动物，或者近乎可以触摸地接近动物。

"Feel Me（感觉）"让游客真实地感受动物。

结果，游客蜂拥而至，"Buy Me"（购票入园）。

这同样适用于零售业。

关于购买行为的理性和非理性的比例，据说至少有 1∶9，非理性占绝对优势。因此，强化入口处诉诸感性＝非理性的措施，成为提高销售的关键所在。

对事物加以判断时，人会驱动五感（视觉、听觉、触觉、味觉、嗅觉），收集信息于大脑。这是为了适应环境大脑自然进行的行为。其中视觉作用最大。

例如，如果建筑物正面脏，就会给顾客"这个店没问题吗""商品也不好吧"的印象，从而敬而远之。而且"总觉得不快"是一种动物性的直觉，会迅速传至人的感情。

在感性的非理性评价之后，会对备货、价格等进行理性评价。如果顾客一开始觉得"感觉不好"，那么店铺很难兴隆。店铺的氛围会对顾客的购买行为产生影响。

这就是上文提过的"光环效应"。以店铺来讲，感觉美味的店铺事实上在吃之前就已经给顾客留下了美味的印象。相反，感觉难吃的店铺，任何东西都会看起来不好吃。

斯图·伦纳德（Stew Leonard's）令顾客感觉愉悦的氛围

斯图·伦纳德经常会让来店的顾客感到"Wow！真棒"。

停车场有小型动物园，鸡、乌龟、兔子等出来迎接顾客。门店入口处的石碑上刻有企业的信条。

（规则1）**顾客总是对的。**

（规则2）**即便万一顾客错了，我们依然采取规则 1 的态度。**

这些规则带给顾客安心感。

店内有在巴黎学习面包制作技术的列奥纳多董事长的长女创设的面包区，刚刚出炉的面包的香味吸引着顾客。

在乳制品区域，机械装置的牛奶包装唱歌、跳舞，身长 2.5 米叫作 Hank 的小狗状罩衣头上缠着头巾，用吉他演奏蓝草音乐。

到了万圣节，停车场设置鬼屋，供顾客娱乐。到了圣诞节，店内一片圣诞氛围，合唱队在入口处唱着圣诞颂歌，使氛围高涨。

这家店铺一直充满活力的原因不仅仅是表演。主要是商品的质量超群，一直能够试吃，穿着清洁、有品位的工作服的员工麻利工作等，构成了快乐的购物空间。

"兴隆店铺的共同点是让顾客的右脑感觉快乐。"

这是哈佛商学院依据调查结果对兴隆店铺的条件所做的结论。

旭山动物园、斯图·伦纳德的兴隆可以证明这一点。让人愉快而激动的店铺创设是 21 世纪商业成功的关键所在。

举行店内活动的美国全食公司（Whole Foods）

美国的零售业根据顾客的来店频率，经常举办一些活动。

顾客来店频率为每周一次的药店每周改变活动商品。顾客一周数次来店的超市会频繁地进行活动。因为店内的氛围和活动如果和上次的相同，那么顾客就会厌倦。

全食超市进行与顾客的信息和店铺规模相符的活动。我们来看一下他们的具体活动。

①让顾客即便没什么事也来店的方法

仅仅是为了购物才去的店铺，如果不需要买东西顾客就不会去。全食公司创设了很多购物以外的目的，如培训、研讨会、派对等，以增加来店的机会。

②参加培训购买商品

以购物以外的原因来店的顾客，在店内行走时，会想起要购买的东西然后购买，也会临时购买一些本不打算买的商品。在烹饪教室使用的食材、菜刀、锅、餐具等，购买的概率也会变高。

③通过参加培训提高信赖感

近距离观察专业厨师的烹饪，然后品尝，会增加顾客对厨师的亲近感和信赖感。与营养师的个别咨询也会提高对店铺的信赖感。

④活力迎接为转换心情而前来的顾客

很多顾客是为了转换心情而来店的。这样的顾客会选择有活力、让人心情愉快的店铺。与 GAP 等服装连锁店合作举办的时装秀让顾客自己担当模特，以增加店内的活力和亲近感。

⑤增加与员工的亲近感

与烹饪教室厨师的亲近感增加后，与烹饪有关的问题就会轻松提出。由具有侍酒师资格的员工主讲的葡萄酒品尝会，能让顾客了解新的葡萄酒和奶酪的优良搭配。

⑥提高共同体的亲近感

通过店铺举办的派对，参加者可以互相认识，增加伙伴。全食公司通过让顾客约定参加下次的派对等方式，搭建人际关系的桥梁。

举办烹饪培训和讲习会的生活方式中心在没有活动的时候，给顾客提供生日聚会、结婚派对等各种集会场所。

美国人比较喜欢搞派对，由于双职工的增加，装饰、之后的整理等成了举办者的负担，而且家也没有以前大了，不适合举办派对。

生活方式中心有料理、点心、餐具等，也无须之后整理。表 40 显示的是 Chicago South Loop Hotel 的举措。

表 40　Chicago South Loop Hotel 的举措

活动计划	时期	内容
1. Sunday brunch（星期日早午饭）	每星期日 12 点	以每人 8 美元的价格提供厨师 Stacy 制作的午餐。地点是该店的生活方式中心
2. Kids in the kitchen	每星期六 12 点	在生活方式中心招待 7~12 岁的孩子。厨师 Stacy 为孩子举办美味料理培训。参加费用为 15 美元，需要事先申请。通过料理培训让孩子体会料理的快乐，并从小培养正确的饮食方式
3. Teens cooking class	每星期五下午 1：30~2：30	厨师 Stacy 教十多岁的孩子做一家人吃的美味料理。参加费用为 20 美元，需要事先申请。由于很多家庭的父母都工作，所以教孩子自己做饭
4. Funky Friday	每星期五下午 5~8 点	卖场的专门部门，提供啤酒、奶酪，带 DJ 的卖场派对。周末星期五人们会集一起，享受音乐、畅聊人生。是与陌生人交流的绝好机会
5. Local beer festival	10 月 2 日（星期六）下午 1~4 点	在啤酒美味的 10 月举办啤酒节。介绍各种地方啤酒、奶酪。免费参加。支持地方企业，店铺也营造地方特色，以加深地区紧密联系
6. Al dente pasta demonstration	10 月 2 日（星期六）下午 1~4 点	地方意大利面食公司展示料理和面食的制作及品尝。免费参加。支持地方企业，店铺也营造地方特色，以加深地区紧密联系
7. 为期 28 天的 Customer change	10 月 3 日（星期日）	健康饮食专家举办为期 28 天的健康饮食生活和健身目标培训。参加费用为 15 美元。包括 Health starts here super 俱乐部的午餐券、starter kit、小饼干制作培训以及 15 分钟的咨询

203

活动计划	时期	内容
8. 亚洲生鱼片培训班	10 月 5 日（星期二）	关于寿司、生鱼片、泡菜、荞麦面的历史和食用方法。参加费用为每人 10 美元。让顾客了解很有人气的寿司等民族风味料理，丰富人们的饮食生活
9. 上映电影《现代自然环境》	10 月 6 日（星期三）	在哥伦比亚大学上映电影，点心由全食提供。参加费用为 10 美元。全食让顾客提高对有机食品和环保用品的关注
10. 谷蛋白过敏人群聚会	10 月 7 日（星期四）下午 7 点	对谷蛋白过敏的人或家庭，指导如何度过没有谷蛋白的生活。对过敏体质的人们提供饮食培训
11. 夫妇烹饪培训（迅速又简单的平日晚餐）	10 月 8 日（星期五）下午 7 点	工作疲惫，回家后再做饭实在是困难。厨师 Stacy 教参加者迅速而又简单的美味晚餐的制作方法。参加费用为夫妇 100 美元。制作的料理当场就能品尝。教会人们即便繁忙也能享用美餐的秘诀
12. Kitchen open house	10 月 15 日（星期五）	参观学习厨师 Stacy 的烹饪现场，也可享用做好的料理。介绍 Stacy 的料理教室
13. South loop super club	10 月 19 日（星期二）下午 6 点	介绍健康饮食生活专家用秋季食材制作的 5 种全道菜。参加费用为 15 美元。招聘外部的料理专家指导正确的饮食生活方式
14. Halloween kids workshop	10 月 20 日（星期三）下午 6:30~8:00	和孩子们一起做万圣节晚餐。参加免费。与孩子们一起准备万圣节晚餐，让家人关系更紧密，创造美好回忆

（续表）

活动计划	时期	内容
15. Def Jam 爵士三人组演奏	10 月 20 日（星期三）下午 6:00~8:00	店内的爵士演奏。喜欢爵士的人们可以在店内一边试吃食物和饮料一边欣赏
16. 秋季服装秀	10 月 21 日（星期四）	与 GAP、Banana republic、Old navy、1969 牛仔等合作，在店内介绍这些公司的秋季服装。参加者可以抽奖的方式获得服装。顾客担当模特，给店内带来活力，创设愉悦的氛围
17. 美容食品	10 月 26 日（星期二）	自然饮食专家、厨师 Amanda 介绍有助于美容的食物和菜单。可以品尝实际做的料理。参加费用为 25 美元。指导对美容高度关注的人正确的饮食方式
18. 初学者的烹饪教室	10 月 29 日（星期五）下午 7 点	厨师 Stacy 指导料理的基本知识、技巧以及简单的食谱。带顾客看店内适合料理的餐具和菜刀。参加费用为 40 美元。通过让顾客体会做料理的快乐，进行饮食生活教育

诉诸五感的 MD

给卖场带来快乐的 "颜色的魅力" "Power of Color"

卖场使用什么样的颜色会在很大程度上影响销售和客流。美国的零售业将之称为 "Power of Color"，非常重视色彩战略。

美国的药店在化妆品专柜使用让人感到年轻或者重返年轻的粉色，在药品柜台使用让人内心放松的绿色、蓝色，在清凉饮料专柜使用能带来凉爽感觉的蓝色等，都是通过使用与售卖商品相符的颜色，让卖场容易寻找区分，以吸引顾客冲动购买。让我们看一下颜色的魅力吧。

①需要记住的颜色的基础知识

据说人能够判别的颜色的数量为 1000 万色。颜色可从色相、明度、彩度和色调加以说明。

●色相

所谓色相，是指红、黄、蓝等颜色。以红色为基点按照颜色相似程度排列颜色，最终回到红色。这叫作色相环。180 度相反的颜色叫作"补色关系"。

补色关系的颜色具有互相衬托的作用。例如，红和绿。如寿司店的金枪鱼和盛菜，颜色很鲜艳。但是，补色关系的颜色对比性强，容易产生视觉疲劳。这时，在补色关系的两种颜色中夹上黑、白等无彩色，则对视觉有利而且显眼。由红、白、绿构成的意大利国旗正是一个很好的例子。

●明度

所谓明度，是指颜色的亮度。同样是红色，明度高的是粉色，明度低的是棕色。为了让卖场的氛围明亮、创设让人感觉安心的氛围，应用明度调节。明度高的卖场热闹而欢快，中等程度的让人内心安详，过低的话则会阴暗、厚重。

● **彩度**

所谓彩度，是指色彩鲜艳的程度。彩度最高的是纯色（原色制作的颜色群），颜色淡到几乎感觉不到彩度、不鲜艳的颜色、暗色的是低彩度颜色。彩度高的颜色，鲜艳、活泼，中等程度让人内心安详而放松，低彩度则会让人感到朴素且古雅。

● **色调**

色调表示颜色的强弱、明暗、浓淡，是明度和彩度的综合指标。色调的种类有很多，以"鲜艳、明亮"到"暗淡、灰暗"的顺序来排列的话，如表 41 所示。

表 41　色调和印象的关系

色调	印象
Vivid	鲜艳、艳丽
Bright	健康、明亮
Strong	热情、强烈
Deep	传统、充实
Light	清爽、清澄
Soft	温和、温柔
Dull	低调、暗淡
Dark	沉稳、灰暗
Pale	柔弱、可爱
Light grayish	古朴、安稳
Grayish	朴素、不鲜明
Dark grayish	男子气的、沉重

②在卖场活用颜色

● 色相和明度的配色

色相和明度的搭配，可以让颜色显著的方式有所不同。为了让招牌和标记显眼、易读，不仅需要调配色相，还需要增大底色与上面描述的文字、图形的亮度差异（见表 42）。

表 42　通过配色形成的明视度顺序

底色	图形、文字颜色
黑	白、黄、橙
白	黑、红、蓝
红	白、黄、蓝
蓝	白、黄、橙
黄	黑、红、蓝
绿	白、黄、红
紫	白、红、橙

● 分离色的活用

按照设想调配颜色，结果有时反而看不见了。例如，在圣诞季颜色绿色的上面写上红色的文字，或者同色系的粉色上面写上红色的文字等。

此时，需要使用分离色（白、黑适用）将文字镶边，这样就可以清晰看见了。

麦当劳招牌的底色是红色，文字是白的，符号是黄色的，用分离色黑色镶边，效果很鲜明。

● **面积增大的话，颜色就会显得明亮**

颜色面积的增大，有时会比自己想象的颜色更为明亮。这就是"颜色面积现象"。在决定颜色时，应该不仅仅参看样品，还要在大的颜色样本上加以判断。

● **运用颜色有效创设形象**

通过在卖场标识上活用颜色，就可从远处分辨卖场。

美国全食公司为了创设有机食品形象，使用褐色（土色、大地色）。星巴克为了让顾客内心放松、追求自然本色，也使用褐色（见表44、表45）。

表44　Bed bath and beyond 的印象色

卖场	印象色	原因
厨房用品区	红色	用火的地方
衣橱相关用品区	绿色	自然
儿童用品	橙色	活泼
婴儿用品	米色	安稳
浴室用品	蓝色	用水的地方

表45　CVS 的印象色

卖场	印象色	原因
处方区	深蓝色	内心安稳
大众药品区	嫩草色	药草形象
食品区	红色	让胃部蠕动
照片区	黄色	拍照的闪光灯
家庭用品区	深绿色	自然

③适合引导顾客的颜色

●吸引顾客前往磁石卖场

为了吸引顾客前往磁石卖场，颜色很有效。磁石卖场使用的颜色为彩度高、波长长的暖色系颜色（红色、橙色、黄色）。

斯图·伦纳德使用鲜红的苹果，沃尔玛使用各种颜色的糖果引导顾客。

●通过 Gradation 引导顾客

Gradation 是指阶段性变化的配色，有色相、明度、彩度的各个阶段性过渡色。明度形成的阶段性过渡色是从黑色到灰色、白色的变化。人的视觉会从黑暗的地方向明亮的地方追随过渡。想要引导顾客的方向可以使用逐渐增加亮度的方式过渡。

④关于颜色作用的几个问题

●"红色"为什么会用于招牌？

红色是可视光线中波长最长的，也是近感色。具有从远处也能看见的、强烈的辨认性，多使用于柱标、店铺招牌、收银标志等。

红色据说具有刺激交感神经，加快脉搏、呼吸频率，让血压升高的生理作用，以及让人兴奋的心理作用。因此，适用于想让顾客在较短的购物时间内一下子购买较多折扣商品的店铺以及促销 POP。

此外，红色也能刺激副交感神经，促进肠胃的蠕动，增加食欲，所以多用于中华料理、韩国料理以及快餐食品，在食品销售区也多使用红色等暖色系。

但是，红色也有缺点。由于红色是兴奋色，所以容易感觉疲劳，顾客在使用较多红色的店铺待的时间会变短。咨询处使用红色的话，顾客内心就会感到难以放松、平静，所以不适合使用。

此外，由于红色也是恐怖色，在药品区使用的话容易使顾客联想起血和疼痛，顾客会敬而远之。因为红色能让人感到炎热和温暖，所以多用于冬季。夏季应尽量少用。

● 为什么"粉色"会用于化妆品柜台？

粉色会抑制肾上腺素的分泌，安抚高涨的神经，给人以安心感，所以适合治疗康复区。这种颜色很可爱，所以最适合婴儿柜台。沃尔玛的婴儿区都使用粉色。粉色由于会带来安心感，所以也适用于制服。

此外，粉色还有重返年轻的心理作用，所以也最适用于化妆品柜台。

很多美国的药店都用粉色作为化妆品区的印象色。偶尔见到减肥专柜使用粉色的包装和 POP，但是由于其具有增进食欲的作用，也会看上去偏胖，所以并不适合。减肥专柜使用具有抑制食欲作用的、看起来结实紧绷的蓝色系比较好。

● 为什么"橙色"多用于食品、滋养强壮区？

橙色具有加速内分泌腺活动、增进食欲的生理作用，所以适用于食品区。橙色也给人有活力的感觉，所以适用于滋养强壮区。另外，也给人廉价的感觉，所以橙色可以用于特价区或者宣传价格之低的 POP，但是不适用于高级商品。橙色使用过多会给人烦琐感，让人焦虑，这点需要注意。

● **为什么"黄色"适用于少年区域？**

黄色具有刺激大脑，激发学习欲望，集中注意力、提高想象力的作用，也给人充满活力、快活、明朗的积极印象。为此，黄色最适合少年区域。但是，对成年女性而言，黄色也是一种让人不快的、忧郁的颜色。在东方，黄色是涅槃色；在欧美，黄色则是与死相关的颜色。

日本的折扣店为了引起顾客注意，黄色多使用于价目标签，但也有可能带给女性不快感，也有可能让顾客小觑店铺。

● **为什么"绿色"多用于治愈内心或者维生素区？**

绿色是中波长颜色，作为均衡的象征色，能带给人亲近感。绿色具有缓解压力、疲劳、眼部疲劳、头痛、暴脾气的作用，带给内心平静感。

为此，绿色适用于以自然、环境、疗愈为主题的商品和空间，以及果蔬、健康食品、药品等销售区。美国的维生素店铺、药店，维生素区的容器、标识都使用绿色，给人自然色印象。但绿色也有半途而废、暧昧之感。

● **为什么"蓝色"多用于健康商品区？**

蓝色是最受全世界喜爱的颜色。蓝色具有刺激副交感神经，降低脉搏、呼吸、血压、体温的作用，也能安抚高涨的神经系统，让心情平静下来，所以最适合健康商品区。

从心理作用而言，蓝色具有小巧、知性、诚实、酷、清洁、正确、精密的印象。蓝色也能给人清凉的感觉，所以适用于冰镇饮料区以及夏季卖场。

蓝色不适用于表达热情、活力，冬季会给人冷飕飕的感觉。而且蓝色会降低食欲，所以不适用于餐饮业和食品超市。

● 为什么 "紫色" 多适用于疗愈系柜台和化妆品柜台？

紫色具有疗愈身心、减轻压力的作用，对于受伤的人，紫色能够很好地表达出来。因此，适用于治疗康复柜台和价格昂贵的化妆品区。

但是，紫色也有上等品/下等品、昂贵/廉价、高贵/奇妙的两面性，所以使用不当的话，就会给人留下没有品位的店铺、没有品位的陈列之感。由于紫色会降低食欲，所以不适合食品区。

● 为什么 "白色" 多用于处方室和工作服？

可反射可视光线的白色，在包括彩色和非彩色的所有颜色中，明度最高，所以为了让店内看起来亮堂而经常使用。而且会给人清洁之感，所以也多用于制服。

但是，正如 "凛然白色让人一眼看透" 这句话所说的那样，白色会给人拒绝之感，所以米白色应用更为广泛。医生、护士的制服从白色改为粉色、奶油色等淡色就是为了给患者容易接近的亲切感觉。

● 为什么"黑色"多用于高级化妆品区？

黑色给人威严、庄重、高品质等印象，多用于高级化妆品区或者高级超市。化妆品专卖店丝芙兰（Sephora）使用黑色创设卖场氛围。高级超市 Draeger's 的地砖是黑白相间的。因为其具有男子气概的、清晰的形象，所以也适用于男子用品卖场。但是，黑色也会让人联想起黑暗和不吉利。

⑤ 有效使用颜色的方法

● 近感色和后退色

暖色系是近感色，使人感觉比实际更大、更胖、更近。因此，想要引起顾客注意的商品的 POP 必须使用暖色调。

冷色系是后退色，使用在墙壁和天花板，看上去似远处的颜色，店内会比实际感觉大。集中陈列小件商品时，使用暖色系看起来更大，更容易引起顾客的注意。

● 颜色形成的时间长短

暖色系有加速脉搏、血压、呼吸的作用，与散步等轻微的运动后的状态是一样的。这样的空间会让人感到时间漫长，所以适合短时间内完成购物的自助销售、有时间限制的宴会厅和自助餐、想要提高周转率的快餐食品、咖啡店等。关于商品，暖色系适合消耗频率高的商品、低单价商品、价格诉求商品、合算的商品。

蓝色等冷色系，具有让人沉静的生理作用，会让人感到时间短。适合处方药等待室，想慢慢购买的商品、需要专业知识的商品、购买频率低的商品、高额商品等。

● **相差 3 度的暖色系和冷色系的体感温度**

颜色有让人感到温暖的，也有让人感到寒冷的。一般而言，色相具有的温暖顺序为红、橙、黄、绿、紫、黑、蓝。

此外，明度也有重要的作用。夏天穿着白色衣服，看上去会感觉清凉。无论哪种明度高的颜色都让人感到凉爽。反之，明度低的颜色让人感到温暖。

所以，冷色系和暖色系的房间的体感温度有大约 3℃ 的差异。夏季，卖场的色系以冷色系为主比较好。冬季，卖场的色系以暖色系为主比较好。

此外，像日本这样有夏天和冬天的地区，招牌需要准备冷色系和暖色系两种。如果只有冷色系，让人感到冷飕飕的，冬季客流就会稀少。

● **颜色形成的不同分量感**

即便是相同的重量，如果颜色不同，感觉的重量也会有差异。某电视节目实验表明，即便是重量、大小完全相同的箱子，搬运者回答白色箱子比较轻。相对于白色 100 克，各种不同的颜色让人感觉到的重量分别为黄色 113 克、黄绿色 132 克、浅蓝色 152 克、红色 176 克、紫色 184 克、黑色 187 克。由此可见，即便相同的重量，黑色的分量感大约为白色的 2 倍。

关于分量感，颜色的亮度发挥着重要的作用。白色、柔色调等明亮的颜色分量感轻，越接近黑色越让人感到沉重。因此，为了让商品容易拿取、不让顾客感到压抑，重要的是上部采用亮色调、下部采用暗色调进行内部装修和陈列。

"音效" 提升业绩

声音和音乐对人的心理产生的影响是巨大的。

①BGM 效果

●音乐对人产生的影响

没有比音乐更能打动人心的了。

活力四射的音乐让人心情高涨，平缓的音乐让人内心沉静安定。此外，葬礼上播放的悲情音乐会让人更深入地体会到失去重要的人的悲伤。而冲锋号则可以鼓舞士气。

在从事单调工作的地方播放 BGM，可以有效防止单调产生的生产率低下。有实验表明，进行组装作业的工厂通过播放畅快的音乐提高了生产率。

在妇产科、齿科等地方，为了缓和不安和痛苦，播放治愈系的音乐。被称作 "Music therapy" 的音乐疗法多用于战争以后复原士兵的心理康复治疗。

精神科医生罗扎诺夫指出音乐的效果如下：

①有权威（威望效果的活用）；②让人内心纯朴；③演绎合适的氛围；④刺激右脑。

人来到这个世界最初感受到的是声音。

婴儿最初听到的是母亲的心跳。据说，如果孕妇每日都听相同的音乐，出生的孩子哭泣时，只要给他听那个音乐马上就会安定下来。

此外，婴儿看到火并不感到恐惧，但是听到消防车的警笛就会吓哭。因为在母亲腹中时曾感受到母亲听到消防车声音而产生的紧张感、恐怖感，这也证明听觉先于其他感觉发达。

那么，在教会唱赞歌又是为什么呢？

歌词与牧师在教会的说教相同，是人的左脑加以理解的。与此相对，旋律进入人的右脑，驱动人的感情，能促使将理解的东西瞬间转化为行为。

美国心理学家嘉利吉奥和亨德里克斯进行了一项有关反战歌那样思想性强的歌词的实验，比较只是朗读给被实验者听，以及加上旋律给被实验者听的效果。结果表明，比起单单的词语，加上旋律后的效果显著。

世贸中心恐怖事件发生后，美国到处都挂上了星条旗。人们一有机会就高唱被称为 "第二国歌" 的 *God Bless America*，以颂扬爱国心。

音乐能很好地将群集心理引向一个方向。

● **对销售额产生巨大影响的 BGM**

BGM 作为增加购买金额的手段经常被使用。因为可以让顾客在轻松的氛围中购物、打开钱包。直接诉诸感情的音乐能刺激顾客的感情和情绪，唤起购物欲望。

开设超市和家庭用品中心的某零售企业对 BGM 进行了实验，发现取得了营业额增加 36%、顾客数量增加 16%、顾客购买单价增加 18% 的良好结果。

②**有效 BGM 的种类**

为了有效使用 BGM，必须选择音乐的种类。

● **合适的音乐**

某项调查显示，播放节拍比较慢的 BGM，顾客就会放缓脚步，比起播放快节奏的音乐，购买金额更高。这表明音乐选择不同购买行为也会有所不同。

但是，节拍过慢的音乐会有损店内的活跃氛围，所以不适合倡导轻松购物的店铺。此外，带有歌词的音乐，会让顾客难听清员工的话，所以应避开老年顾客比较多的店铺。

因为音乐有很强的影响力，所以需要理解节拍、声音的高低、振幅变调等对人的感觉产生的影响（见表 45）。

表 45　音乐对人的感觉产生的影响

项目		人的感情
节拍	慢	平静、悲伤、无聊、不快
	快	活动、惊讶、幸福、舒适、精力、恐怖、愤怒
声音的高低	低	舒适、无聊、悲伤
	高	活动、惊讶、精力、愤怒、恐怖
振幅变调	小	不快、愤怒、恐怖、无聊
	大	幸福、舒适、活动、恐惧

● **不同顾客层喜欢的音乐**

年轻人喜欢流行的大众音乐，女性喜欢情调音乐，中老年喜欢舒缓的音乐。在治愈系的店铺，适合播放有小鸟的鸣叫声、潺潺水声等大自然声音的 BGM。

● **有季节感的音乐的效用**

有季节感的音乐会对季节商品的销售产生影响。希望能有效使用圣诞歌曲、新年旋律、夏威夷音乐等与季节相符的 BGM。

"香味" 对人产生的影响

香味的分子会黏附于鼻子内侧的黏膜，向大脑传输信号。然后，记忆和香味会在大脑的同一场所被处理。

香味比眼睛观察能更快地唤醒记忆。所以常说 "香味是无形的 POP"。有调查结果表明，如果食品加工卖场飘出咖喱的香味，那么与咖喱相关的销售会增加近 20%。

香味会让人的内心变得豁达洒脱，从而提高冲动购买率。

美国的某心理学家进行了一项实验，观察向行走在购物中心的人借 1 美元时的反应。结果，在飘溢着咖啡香味的场所，有一半以上的人愿意借，在没有香味的地方，则不过20%左右。

食物的味道，即使蒙上眼睛也是一样的。但是，如果捏住鼻子吃饭，味道马上就逊色好多。香味的作用就有这么大。面包销售区刚烤好的面包的香味、花草销售区花儿的馨香、水果销售区当季水果的香味、化妆品销售专柜的芳香等，应好好利用人喜欢的香味和气息。

香味有如下效果。

● **唤醒记忆**

香味和气息，常与人的记忆相伴。

我在西雅图作为救生员，参加了孩子们的集训，那时每天早上食堂里都会飘出 Max 夫人泡的咖啡的香味，至今咖啡的香味仍让我想起当时的情景。

烤鱼、面包时的焦味让人想起烹调时的情景，或者让人联想起消防行为。

情人节时期，店内飘出巧克力香味的话，巧克力的销售额会增加20%以上。

当问及当时购买巧克力的女性时，对方回答道"进入店铺时闻到了巧克力的香味，提醒我要买"。

●**体会实际使用感**

在百货商店的入口处附近，设置香水销售柜台，演示销售的店员让顾客试闻。香水的香味提高了消费者对美的认识，促进了销售。闻到咖啡的香味会产生美味的感觉，烤鸡肉串店铺的香味勾起食欲，吸引顾客前往。味道就是"无形的POP"。

●**让人放松**

好闻的味道会触发积极情绪，唤醒幸福的回忆。在飘着好闻的香味的店铺，顾客待的时间会大幅延长。那么，怎样的香味才有效呢？

芳香疗法通过散发香味让人心情放松，释放 α 波。最能释放 α 波的味道是森林的味道，第二是咖啡的味道。

最近美国的超市设置了咖啡柜台，让顾客放松心情的同时，打开钱包，提高购买金额。

星巴克店内一直飘溢着美味咖啡的味道，让人心情放松。为了保持这份香味，店内严禁吸烟。

但是，必须注意的是，如果不是和销售商品相符的味道，会让顾客产生不谐调感，从而敬而远之。讨厌的味道会让人产生不快，进而客流稀疏。

●**促进关联销售**

在蛋糕销售区的旁边烘焙咖啡的话，会让人联想起边吃蛋糕边喝咖啡的场景，购买了蛋糕的顾客再购入咖啡的比率也高。全食公司的甜点柜台将刚刚烘焙的、香味满溢的咖啡豆放置于容器中，同时陈列甜点和咖啡。这也是为了促进关联销售。

综合解决店铺

从销售商品到销售解决方案

购买感冒药是为了早点治好感冒。

为此，一定希望向诊所的医生、高级护理师、药剂师咨询或者接受诊断，症状是初期、中期还是后期？是不是流感？流感是哪种类型？与自己的体质、老毛病相符的药是哪个？

而且，体力也会下降，所以也会需要滋养强壮剂、口罩、漱口液、维生素 C 等。

即对于顾客想要早日解决自己所患的感冒问题，感冒药不过是一种解决对策。如果仅购买商品，那么网上购买更为方便，但是为了早日治好感冒，这是不够的。

美国的药店，作为问题的综合解决店，提供店内门诊、开处方、OTC、预防接种、健康检查、看护、疾病管理、药物治疗管理等各种商品和服务。此外，还与医院合作，提高对患者问题的综合解决功能，化妆品区域还提供化妆、美甲、设计发型、按摩等服务。

零售业多角度理解顾客的一种需求，从 "销售商品" 向 "销售解决方案" 发展，以成为综合解决店铺。

①沃尔格林（Walgreens）的做法

沃尔格林向因各种健康问题（从感冒到更年期综合症）而烦恼的顾客提供解决方案。

调剂室前面以及端架放置了汇总各种主要疾病的症状及处理方法的小册子，OTC 柜台的电视屏幕播放有关处理方法的视频。关于轻伤的处理方法，则使用 "Q & A" POP 进行指导。

对于希望当面咨询专业知识的顾客，除了有药剂师接受咨询外，还在店内诊所安排高级护理师予以指导，此外，还聘请了在美国最受信赖的合作方 Mayo Clinic 的健康专家。

而网络销售则很难做到面对面、one to one（一对一）的咨询指导。因为越专业越需要语言交流，而网络销售则很难做到。因此，专家咨询为顾客创造了来店的动机。

美容区域也是一样的，以 "美丽容貌" 为主题，将商品陈列为问题解决型。

卖场由 Outer beauty 和 Inner beauty 两个部分构成。在 Outer beauty 区域，除了有基础化妆、彩妆、肌肤护理、美甲用品、眼影膏、化妆小样等，还备有简单的练习工具。

在 Inner beauty 区域，除了减肥商品、洗肠商品、维生素、肠胃药等由内而外的美容商品外，还有消除压力用的治疗音乐CD、芳香疗法商品，以提供有助于美容的综合解决方案。

此外，还设有糖尿病专柜，将日常生活必需的商品——血糖检测设备、消毒药、病患专用护肤品、点心、袜子等一齐陈列，提高购物的便利性。

②来爱德（Rite Aid）的做法

来爱德在店内设置了视力综合护理中心。

使用中心内配置的人机对话交互式器械"视力中心售货柜"，可以选择眼镜的框架，用测定设备测定视力，然后得到眼镜的综合配方。此外，还能订购镜片（包括隐形眼镜），寄送到家。

由于处方室在售货柜的附近，所以顾客和药剂师咨询也很方便，在店内所待的时间也变长。而且，作为试用还可能提供4副眼镜框架。

③沃尔玛（Walmart）的做法

2012年秋，沃尔玛与美国医疗保险大企业Hum缔结了"Vitality Healthy Food Program"计划。

该计划的成员可以通过定期的训练、减少体重、摄取对健康有益的食物获取积分，这些积分可以兑换宾馆入住券、电影券和商品等。

而Hum健康管理计划"Hum vitality"的成员在沃尔玛购买

有 "Great for you" 标识的商品，可以获得购买金额 5% 的积分返还，用于下次购物。

而且，在处方室的隔壁积极配置了提供健康技术支持的 "Solo health" 售货柜。只要在机器上输入糖尿病、肥胖、高血压、骨质疏松、视力障碍、听力障碍等有关健康的问题，就可以打印出相对应的处理方法。目前已经有很多人在使用，预计今后会有更大的需求。

高消费阶层的美容护理

多年来，化妆品销售的发展是靠厂商和零售业的包装战略和举办的活动。但是，现在通过技术支持的美容体验迎来了新的发展舞台。

某项调查显示，60% 的人在网上购买美容商品和个人护理商品。能在网上购买的话，消费者就会向实体店需求更多的东西。其中之一是体验。药妆店不仅应该上架商品，还应该重视体验和氛围。

在美容用品商店（购物时主要利用的店铺），备全高价格区间的商品，高端的照明和镜子，提供专业美容师的咨询、美甲沙龙、美发沙龙、化妆沙龙，并配有肌肤诊断设备和虚拟美容设备（在屏幕上显示自己的脸部，扫描想要试用的商品，就会投影出使用该化妆品后自己的容貌）供顾客体验。

沃尔格林在店内墙壁上设置了 cosmetic.com 功能，可以在网上购买店铺内没有的商品。化妆品专卖店丝芙兰也在部分分店内设置了肌肤护理 IQ 售货机，向顾客提供寻找适合自己的商品的服务。

提高综合解决能力的威望效果

为了发挥综合解决功能，顾客的信赖很重要。为了让顾客理解解决对策的有效性，需要借助该行业专业人士的力量。可以利用心理学上的"威望效果"——容易相信权威人士或者能信赖的人的话，提高综合解决功能。

例如，电视或者杂志上介绍的商品、人气餐馆，就是因为这个威望效果。消费者愿意在品牌价值上消费也是出于需求安心这个侧面。

拉丁语有个词叫作"placebo"，就是"使满意"的意思，与威望效果类似。

例如，让患者喝下粉状物，但告诉他刚才喝的是头痛药，头痛症状才会缓解。再如，让 A 组患者喝下具有镇痛效果的吗啡，让 B 组患者喝下吗啡的代用药，结果 A 组中称不再疼痛的患者有 50% 多，B 组也有 40%。

这些都是可信赖的医生的"placebo 效果"。

当日本的牙刷的主要价格为 100 日元的时候，J & J 锁定高

端牙刷市场，推出了 250 日元的商品。当时有舆论认为价格太高，不会受消费者青睐。但事实上，在美国的营销大获成功，公司也积聚了自信。

其营销手段是使用 "牙科医生研制的牙刷" 这一广告词。在广告和宣传中，使用这句广告词，以真正的牙医为模特，从而获得了消费者的大力支持。

①专业知识产生的可信性

有效说服需要可信性。可信性由 "专业性×信赖性" 而形成，具有专业知识和能力的人说的话可信性较高。相反，如果那个人不可信赖，即便专业性再高，人们也很难相信。

沃尔格林的宣传单上一定会刊载药剂师的健康建议。其目的是向消费者提供健康信息，并通过宣传单的权威性表述，与其他公司拉开差距。很多药店每季都会在货架终端陈列药剂师推荐的商品，这也是有效利用药剂师权威的促销例子。

我也经历过很有趣的事。

我的一位销售进口葡萄酒的朋友前往法国，在葡萄酒庄园看到了非常喜欢的葡萄酒，价格也并不高，觉得一定能有销路，所以进口了几打摆放在店头，但是一个月过去了，一点也没有卖掉。我向前来诉苦的他建议，给葡萄酒加上一些权威性的广告词。

"终于进口到了那家葡萄酒庄园的酒。"

"葡萄酒厂主人 Collovati 精心制作的葡萄酒。"

这样的广告效果巨大，大约 2 周就销售一空了。

再好的商品，如果没有权威性，消费者也是不会掏腰包的。

美国药局写有"药剂师推荐"的商品、超市写有"生产者的话"的商品经常很畅销。

值得信赖的人、地位、职业所添附的话语，具有可信性，消费者也能安心购物。日本的零售业也应该更多地使用"专家推荐"这样的广告词。

②发挥威望效果的积分

●硬性推销会招致反感

即便发挥了威望效果，但如果硬性推销，还是会遭到消费者的反感。这就是心理学上的反感现象。

例如，"吸烟有害健康"这一信息就容易让吸烟者产生反感情绪。"我吸烟，难道还用你来告诉我对身体不好？"

这样一来，吸烟者就会压制一方的思考，而强加自己的想法，"不是有很多吸烟者活得很长寿吗""吸烟有助于消除压力"等。更为极端的甚至会加以无视，"香烟的危害并没有被证明"。

以下是我朋友的一段经历。因为眼睛发痒，所以去药店卖眼药水的地方咨询，销售员推荐了该店所属的 Voluntary Chain 主推的 PB 商品。当朋友问及有没有参天制药或者乐天制药的 NB 商品时，销售一味强调"对于您的症状，这个药是最好的"。

感到是硬性推销的朋友一怒之下离开了店铺。

或许推荐的商品确实是对朋友的症状最好的。但是，朋友认为"店铺为了营利而强行推销"，心中产生了反感。特别是一些老年顾客，由于对自己的价值观深信不疑，所以非常讨厌强行推销。因此，重要的是陈列和咨询都以顾客能自行选择商品为主。

● **制服的效果**

药剂师和营养师穿着合适制服也很重要。因为制服有以下效果。

第一，服装可以改变心情。有位运动员说过，"即便很累，但只要穿着制服，就会精神饱满"。穿制服这一行为唤醒了专业意识。在美国，让学生穿着制服的小学、初中、高中在增多。因为他们对"穿上制服，不会做不好的事，而且学习也好"的这一调查结果很在意。

第二，穿上制服的人会被视为该集团的形象。穿着白衣的人，会被认为是医生或护士等医疗相关人员，产生信赖感。做料理的人穿着料理人的服装，侍酒师穿着侍酒师的服装，这样顾客的信赖感会增强，即便同一料理也会感到更美味。

第三，制服会提高对集团的归属意识，有助于创设团队合作氛围。让军人、运动员穿着制服是为了提高军人、运动员"为了国家""为了队伍"的意识。

第四，制服能推动工作的进展。人会老老实实地听穿着制服的警官、医生、护士的话。例如，如果护士说"脱下衬衫"，一般人都会遵从。零售业也应该有效利用制服，增强顾客的信赖感和从业人员的职业意识。

8 Exchange （ 提供有价值的商品 ）

"有价值"是指比较商品的价值、购物的便利性、待客服务、店铺的氛围等综合价值和价格时，感到买得划算。因此，为了提供有价值的商品，并让顾客深切感受到，需要判断脑的作用。

美国的零售业之所以积极创设有魅力的氛围，提供舒适的待客、快速服务、社会贡献等，是为了让顾客的判断脑发挥作用，以给顾客留下好的印象，从而允许些许的价格差。

沃尔玛通过 EDLP 和确保最低价格，让最廉价的印象深深植入消费者的大脑，成功引导消费者习惯性光顾购买。

而与之相反的高级专卖店和百货商店，则让消费者感到"你就该买这样有价值的商品"，通过培养特别感让消费者成功接受高额商品。

让消费者感到划算的价格战略

顾客的价格观

那么，消费者是怎么理解价格的呢？以下谈谈这个内容。

①最希望价格标识清晰

很多零售业的经营者都认为顾客选择店铺的第一条件是价格。但是，价格不过是构成价值的一个要素。

关于价格，消费者最需求的是"价格标识清晰"和"可以信赖的价格"两点（见表46）。

表46　消费者的价格意识

需求顺序	内容
1	价格标识清晰
2	可以信赖的价格，没有人为操作
3	价格设定让人感到是以最低价格购入的
4	促销时能便宜购买
5	一贯的价格设定
6	能廉价购买高端产品
7	有价格区间，可根据经济状况选择购买

之所以要求标识清晰，是因为顾客如果不知道价格就不能判断是否购买。因此，首先应做到标识和摆放的价目标签清晰可见。

经常看到有的卖场商品堆积如山，价格标签向后方摆放。但是如果不朝着顾客前来的方向摆放，就等同于没有价格标签。

此外，如果平时价格标得高，在促销时打四折的话，会有损消费者的信赖。以最低价格购买是消费者对价格的第三个需求。比起价廉，消费者更注重可以信赖的标价。

②价格差的容许范围为 15%

沃尔格林调查显示，仅看价格选择店铺的顾客不到整体的20%。虽然业态不同也会有所不同，但是如果价格以外的价值高，价格差的容许范围为 10%～15%。

排着长队的拉面店并不是因为便宜才排队的，而是因为比较综合价值，设定的价格比较合理。

而且，价格也是相对的。

"特别贵" "贵" "有点贵" "便宜" "非常便宜" 的判断基准因人而异。似乎有世间一般认可的价格，但事实上并不存在。

例如，在百货商店购买家常菜时，即便比超市略贵，顾客还是会接受并购买。服装专卖店也是一样的，在 10 万日元一套的西服卖场看到 5 万日元的，就会让人感到便宜，但是折扣店的一套 5 万日元的西服就会让人感觉贵。因此价格是相对的。

相对的价格有 "外部参照价格" 和 "内部参照价格"。

关于外部参照价格，折扣店的话就是指日常售价，PB 商品的话就是指 NB 的价格，还有如竞争店的价格。以外部参照价格为基准判断贵还是便宜。

与此相对，内部参照价格是指基于顾客在该店的购物经验，判断价格。比过去看到的价格高了，就会判断贵了。

厂商和零售店尽量不要设定内部参照价格。批量销售、增量包装等实际折扣就是为了排除对作为内部参照价值的一般价格的影响。

出售高额商品时，不可在旁边陈列便宜的商品。顾客如果看到便宜的价格，高额商品会受其影响而难以销售。

也有药店尝试导入百元店，但大都以失败告终。因为顾客脑中根植了 100 日元的价格，看到药店 100 日元以上的商品就会觉得贵了。结果，药品和化妆品就卖不出去了。

按功能区分的货架陈列，在一般商品的旁边摆放高级护肤品后，一下子也卖不出去了。原因是一样的。

如果想销售 3000 日元的化妆品，就需要摆放在 5000 日元的化妆品的旁侧。顾客经对比后会感到 3000 日元的化妆品便宜而购买。

想了解折扣的真正原因

日本的药妆店有时会五折、三折销售健康食品。大幅度打折会让顾客产生不信任感，应引起足够重视。

消费者认为最大 35% 的折扣，是店铺在"大力促销"，但再多的折扣就会产生诸如"日常销售价格是随意设置的吧""商品质量不好吧""是不是要倒闭了""是盗窃来的商品吧"的疑问。

好不容易设定的折扣反而有损店铺和企业的信誉。

因此，在大幅打折时，需要以 POP 等方式说明原因。

例如，有服装专卖店添附这样的说明销售，"反面有一点点污渍，所以打六折"。这样的话也不会让顾客产生怀疑。重要的是不要忘记 "微小处的诚实，可获大信赖"。

美国的优秀零售业在打折时一般会添加如下说明。

"店长折扣"
"库存处理、清仓销售"
"期末决算打折"
"仅适用于宣传单商品"
"儿童物品打折"

这样能让顾客安心，也能让顾客觉得公平。

涨价时也是一样的。为什么会涨价？如果不能说明原因，让消费者接受的话，消费者就会感到 "不公平"，从而不再利用。

洛杉矶某超市有时会以远低于市场价的价格销售葡萄酒，深受葡萄酒爱好者的好评。超市会以 POP 的方式说明打折原因，如 "因为是非常值得推荐的葡萄酒，所以在人气爆满之前向采购商大量进货。本次价格是由于大量采购而特别设定的"。这样，顾客就不会产生不信任感。表述不同，折扣的魅力也会有很大不同。

关注的价格品目为 200 件

兴隆店擅长给消费者留下便宜的印象。

艾奥瓦大学商业研究小组对沃尔玛进行了价格调查，发现实际上最低价格的商品只是8万件商品中的600件。

西夫韦（Safeway）认为不必要的商品数的价格宣传只会造成无用的廉价销售，所以将宣传单刊载的特价销售的商品数量限定在顾客可以掌握的200件以内。

特卖宣传单的目的是Halo pricing（光环效应）。

所谓"Halo pricing"是指将购买频率高、价格敏感的商品低价销售，让顾客形成"便宜""物超所值的店铺"的印象。相反，价格不敏感的商品，应确保收益，以实现最高毛利润。

价格的敏感性因顾客的特点、商品的特点、品牌价值而不同。

关于顾客的特点，可支配收入较高的人、教育水平高的人、人员少的家庭、繁忙的人，对价格比较麻木。

关于商品的特点，越是有偏好的商品（环保商品）越是不敏感，越是大众用品（卷纸、洗涤剂、牛奶等）越敏感。

此外，如可口可乐的整箱商品、洗发水的大瓶装等大包装商品的价格比较敏感，而瓶装可乐、小包装商品等的价格不够敏感。

关于顾客需求的价格，沃尔格林认为，"顾客需求的不是Lowest Price（最低价格），而是Fair Price（值得信赖的合适价格）"。

该公司看到沃尔玛的飞速发展，认为 "不能在价格上取胜"，于是在 20 世纪 80 年代，将价格战略切换为 Fair Price。为了避免让顾客产生高价格的印象，采取了 "一类商品中一两件为地区最低价格（沃尔玛不在比较范围之内），销售数量前三分之一的商品与竞争对手设定同样的价格，三分之二的商品设定较高的利润" 等价格战略。

由于饮料、香烟、卷纸、纸巾、口香糖等批量购买较多的商品的价格远远高过沃尔玛，给顾客留下了价格高的印象，所以其强化 1 件商品特卖。卷纸、纸巾的单包出售是日本零售业难以想到的吧（见表 47）。

表 47　价格敏感的商品、不敏感的商品

敏感商品	不敏感商品
季节商品	非季节商品
大型商品	小型商品、旅行用包装
捆绑销售商品	单件商品
非环保商品	环保商品（偏好商品）
主妇用品	儿童、青少年用商品
女性商品	男性商品
中高端商品	100 日元以下商品
NB 商品	LB（地方品牌）商品
电视广告商品	非电视广告商品

高价商品可细化计算，让顾客轻松购买

某生命保险公司打出了这样一句广告词，"每日花费 146 日元的保险费就可以报销每日 1 万日元的住院费"。消费者感觉每日 146 日元，也不贵，所以会购买这样的保险，但以年度计算的话，则高达 53000 多日元。

这就是"细分化法则"，有效利用了"对大数量抵触感较大，对小数量抵触感较低"这一心理，这一法则适用于高额商品的价格宣传。

例如，大型商品或者批量销售商品的价格高，抵触感也大。但如果是旅行装，即便单位价格略高顾客也不会在意。对 10 瓶装的饮料（单价 150 日元），消费者一般期待销售价在 1000 日元以下，而 1 瓶的话，140 日元左右也会毫无抵触地购买。

注意价格的尾数

价格的尾数不应该设为 0。可以设为 8 或 9，以让顾客感到便宜。请注意以下数字的效果。

①0 以外的尾数会感觉便宜

正如 10、20、30 那样，最后一位如果是 0 的话，就会感觉是一个分界线。

例如，19 岁和 20 岁，虽然只有 1 岁之差，但 20 岁就是 20 多岁一代的人了。1 万日元和 9980 日元，虽然只有 20 日元之

差，但是 1 万日元给人万元的印象深刻。另一方面，8 日元和 9 日元，4 日元和 5 日元等，人对 1 日元的差别就感觉不大。

商品价格尾数是 0 以外时消费者会感到便宜，是 0 的话消费者就会感觉贵。

②利用尾数提高利润

在价格并未被广为认知的情况下，1000 日元的商品，以 1098 日元也能销售。因为顾客会误认为 "1100 日元的商品，以 1098 日元便宜出售"。也就是说，通过尾数的设定可以提高利润。

相反，2 个、3 个批量销售时，尾数应设为 0。

CVS 的 2 升装可口可乐售价 89 美分、牙刷 1 支 1.99 美元、洗发水 1 瓶 2.99 美元，单个销售时，尾数设为 9，以获得尾数效果。

另一方面，批量销售时，GE 电灯 2 个 3 美元、佳洁士牙刷 2 个 5 美元、Ricola 润喉糖 2 袋 3 美元，尾数设为 0。

因为批量销售时尾数设为 0 会让顾客觉得是 "把尾数金额抹零了"。

③易于购买的降价表述

最近经常看到 "第三个免费" "第二个对折" 的价格表述。

第三个免费等同于单个打 6.7 折。第二个对折相当于单个打 7.5 折。那么，为什么使用这样的表述呢？

原因之一是免费或者对折的强烈表现能给消费者买了划算的感觉，可促进批量购买。

还有一个原因是单个打 6.7 折的话，会引起价格混乱，对品牌产生不良影响，所以很难得到厂商的合作。

High & Low 和 "EDLP"

美国有这样一句话，"富人享受折扣，穷人需要折扣"。

也即，富人和穷人都希望买得划算。这时，富人享受折扣，穷人需要折扣。

零售店采取 High & Low 和 "EDLP" 战略。

但是，为了采取沃尔玛那样的 EDLP 战略，低成本的业务体系和企业特质是前提。单单降低价格的零售业都会失败，收益会大幅降低。

①High & Low 战略

这是定期对主要商品打折销售，非折扣期间则原价销售的方法。

将折扣商品列于宣传单，饮料等商品会很畅销，但是如香水之类的，即便价格变动，使用量也不会增加，所以营业额也不会激增。

即使用频率、购买频率低的商品，即便在宣传单上宣传，顾客也不会留意，但是消费量会发生变化的饮料等商品则容易引起消费者的关注。

基于这点设置的是 High & Low 战略，其优点如下。

● **增加客源**

无论是富人还是穷人，以划算的价格购买商品都是"明智购物"。High & Low 战略通过特卖商品增加客源。

● **通过部分打折成为"价廉物美的店铺"**

零售业需要"价廉物美的店铺"。但是，过度增加折扣商品也是无益的，因为顾客能够记住价格的商品最多 200 个。

如果是药妆店，相对于 15000 件的商品，只要对 1.5% 的商品做价格宣传，就可以形成"价廉物美的店铺"形象。

● **招揽新顾客**

看到宣传单或广告来店的新顾客有可能以此为契机习惯化地来店。

收益较高的日本某药妆店在宣传单上登载了大幅降价的商品，为了避免低利润商品的大量销售，将商品陈列在不引人注意的地方。

但是，应该在折扣商品的旁边，陈列相关商品，宣传折扣商品的魅力的同时，确保综合利润。

②**EDLP 战略**

为了获得对价格敏锐的顾客群，店铺应该实施每日以低价格销售的 EDLP 战略，这比较有效。

EDLP 有以下优点：

• 容易获得顾客对价格的信赖。即便不是所有的商品都廉价，也能给顾客留下"一直很优惠"的印象，比较容易获得对价格的信赖感。

• 价格一直是稳定的，没有价格变更的相关作业，所以能够削减业务成本。只是，为了通过 EDLP 提高利润空间，必须有低成本业务体系。

芝加哥的某超市，通过实验 High & Low 战略和 EDLP 战略，得出"EDLP 更能提高营业额，利润则是 High & Low 高"的结果。这是因为增加的营业额未能弥补实施 EDLP 所带来的毛利润的减少部分。

而且，确保最低价格的话，EDLP 战略的信赖感就会提升。

实际上，沃尔玛代表的折扣店、Best buy、家得宝家居用品店公司等以低价格为武器的大部分零售业都确保最低价格。

Best buy 店铺贴有这样的宣传单，"本店销售的商品，本店承诺自顾客购买之日起 2 周内比任何一家店铺都要便宜。确保最低价格的对象必须为同一品牌、同一型号的商品、竞争对手经营的商品。只是，限定数量销售的商品、不再生产的商品、停业促销处理品等不在范围之内"。

营造实惠形象的方法

零售业若是给顾客留下价格昂贵的印象，顾客就会不再光顾，生意也就没了。为此，不仅要提供低价，还要营造"价格实惠的店铺"形象。以下列举几个方法。

①营造价格实惠店铺的方法

● **促销标志**

价格即便相同，消费者会对经常打出折扣、促销标志的店铺感到安心。很多零售业通过宣传单、POP 的方式宣传价格低廉，就是这个原因。

例如，宜家的价格宣传 POP 非常引人注目。沃尔格林在店内各个地方张贴了"1 美元"的 POP，宣传其实惠店铺的形象。

● **Affordable essential**

沃尔格林实施"Affordable essential"的促销计划。将 PI 值前十名中的 3~5 个商品放在两三个端架陈列。保持地区最低价格 1~2 个月，强化实惠店铺的形象。

● **99 美分销售区**

塔吉特在收银台旁侧专设 99 美分柜台，促进收银台前方的冲动购买。沃尔格林在收银台终端旁边，定期陈列 99 美分的商品，强化价格合适的印象。

● **在货架终端悬挂宣传单**

CVS 在货架顶部终端悬挂特卖广告。UCLA 店的店长说"通过这个方法，让顾客知道我们非常期待顾客购买"。

● **一并写上 Was（以前的价格）和 Now（现在的价格）**

打折时，应在 POP 上一并写上以前的价格，以告诉消费者降价了。

●**标注 3 个价格**

拉夫公司为葡萄酒标注 3 个价格。分别为日常销售价、会员价、批量购买 6 瓶降价 20% 的折扣价。在 POP 上写明换算成每瓶的价格，宣传低价。

这个宣传方法效果显著。觉得日常价格相对贵的顾客会选择加入会员或者批量购买 6 瓶。

②**宣传 PB 商品价格低的方法**

●**对比陈列**

为了宣传 PB 商品的低价，可以陈列在 NB 商品的右侧，吸引顾客比较后购买。横跨 NB 和 PB 商品，贴上对比的 POP，明示两者的价格和价格差。如"节约 3.77 美元（实惠 3.77 美元）"，写明金额。

●**整整一个购物篮商品的价格比较**

为了强调 PB 和 NB 商品的价格差，给顾客留下强烈印象，可以计算整整一个购物篮商品的总金额之差。

沃尔格林将装有 20 件左右 NB 商品的购物篮和装满同样数量的 PB 商品的购物篮放在一起，显示 NB 和 PB 商品的品名、价格、合计金额等，添上以大字号表示的"优惠 34.88 美元"信息，宣传 PB 的优点。

Wow 价格

分类给顾客物美价廉感的有效方法

在日本，随着消费税的增加，对价格敏感的顾客在不断增多。

所以，无论举行怎样有冲击力的促销和店头 MD，如果不关注价格，很难吸引对消费很慎重的消费者购买，有时甚至会流失客源。

2008 年雷曼事件过后，百年不遇的金融危机席卷了整个美国，对消费慎重的顾客增加了。当时的美国零售业认为"消费者并非没有钱，而是认为无谓的购物代表自己愚蠢，因而不花钱"，将顾客区分为"只在便宜的商店购买便宜的商品的顾客""即使便宜也只购买所需的数量的顾客""即使便宜也不购买不需要的商品的顾客""只在物美价廉的店铺、只在合适的时候购买的顾客"四类，并设定了不同的对策。具体内容如下。

①只在便宜的商店购买便宜的商品的顾客

消费者调查显示，仅以价格选择店铺和商品的顾客约有20%。但是，调查所有的价格是不可能的，即便是觉得实惠的店铺，也可以通过合并销售廉价商品和利润高的商品，来确保综合利润。对于实惠店铺和实惠商品有需求的顾客，重要的是给顾客留下"本店对价格有自信，是物美价廉的店铺"的印象。

● 确保最低价格（Low Price Guaranteed）

沃尔玛的 EDLP 战略成功地让顾客觉得"沃尔玛的价格是最便宜的，即便有比其他商店略高的商品也是例外"。最低价格的印象已经深深植入消费者的脑海中。

之后，沃尔玛将原来的目标顾客群——平均收入以下的家庭，扩大至平均收入以上的家庭，并且将广告语改为"Save More, Live Better"（节约更多，过得更好），也开始销售著名设计师设计的时尚服装。

但是，目标顾客群的扩大削弱了沃尔玛的价格竞争力，很多重视价格的消费者转而前往其他的折扣店、Dollar General 等一口价店铺（如百元店等）。感到危机严重的沃尔玛采取了称为"We'll Match It"的、确保同一商品地区最低价的"Low Price Guaranteed"战略。

另外，针对同一商品，也有企业比竞争店铺降价 10% 销售。看起来是有损利润的战略，但确保最低价格的同时，由于实际上希望价格变更的顾客很少，所以对利润产生的影响还是有限的。事实上，在最低价格的基础上再打折的价格策略更能让消费者安心购买。

● 与竞争店的价格比较提示

位于北加州的 Nugget 超市在收银台正面出示了与附近竞争店的价格比较表，写上每月累计比竞争店价格低的商品数量，以向消费者宣传价格低。

此外，在收入水平高的地区开店的韦格曼斯食品超市（Wegmans）也因为对价格敏感顾客的增加，在店内出示与商圈内竞争店的价格比较表，强化廉价的印象。

韦格曼斯食品超市甚至将从属于 Wholesale Club 的好市多也列为比较对象，将一个商品的价格设定在好市多之下，其他则以同等价格销售，强化廉价形象。

②即使便宜也只购买所需的数量的顾客

对于只购买所需的数量的顾客，宣传大量购买的优惠价格，提高购买欲是基本方法。

● **"批量购买"促销**

如果给单品打折，而没有大量销售的话，营业额和毛利润减少的可能性就很大。因此，"第二个对折""第三个免费"等批量促销活动显得尤为重要。这样的话，比起 1 件，买 2 件、3 件，购买数量增多的概率就会加大。

哈根达斯的冰激凌等，只要家里有冰箱必定会购买的商品，容易被批量购买。

● **"Mix & much"促销**

"Mix & much"促销是指购买 2 件以上不同商品时的折扣活动。多件商品的组合既可以是同一厂家的商品，也可以是同一类目不同厂家的商品。

例如，"任意一件猫食 10 罐 10 美元""同一厂商的点心任意一种 5 袋减 5 美元""（将促销商品大量陈列）5 个减 6 美元""促销葡萄酒 6 瓶打 8 折"等。

日本的进口食品连锁店也开展"一次购买 5 种咖啡豆减 300 日元"的活动，推荐顾客批量购买各种咖啡豆。批量购买同一商品的顾客也会厌烦，从不同的商品中选择性购买的话，顾客会受到品种丰富和廉价的吸引而购买。而且由于不是单件商品打折，也不会有损品牌形象，这也是一大优点。

美国的克罗格（Kroger）公司不设定专卖区，只通过宣传单和 POP 引导顾客，开展"Mix & much"促销活动。

均价 10 美元 10 件出售 Gatorade 的饮料、Horizon 的牛奶、Delmonte 的水果奶酪、Red 的香肠、Rosalita 的大豆罐头、Michelina 的冷冻食品、Colgate 的牙膏、Safeway 的电池等约 40 件商品，获得了顾客极大的支持。

③即使便宜也不购买不需要的商品的顾客

对于这类顾客，宣传商品的关联性，提高购买件数是基本方法。

- **"Pairing"促销**

美国的超市最近常见的是"Pairing"促销。

举个例子。如烤肉用的肉和红葡萄酒一起购买的话，可以减 5 美元。在烤肉用的各类肉的销售区域，陈列促销的红葡萄酒，在葡萄酒柜台则用 POP 发布 "Pairing" 促销信息。拉夫公司进行晚餐和与之相配的白葡萄酒的 "Pairing" 促销。

此外，也有餐馆开展提供与不同料理相配的半杯白葡萄酒的促销活动，通过提供单价优惠的半杯系列，让消费者享用各类葡萄酒。

药店也频繁举行餐具洗涤剂和洗手液、牙刷、牙膏等商品的 "Pairing" 促销。

● **明码标价的套餐促销**

美国全食公司，举行 "4 人 10 美元晚餐" 的优惠套餐活动。

在经济不景气时期，再好的提案，如果支出增加，消费者也不会关注。而这个促销活动，添加了每餐所需的金额，成功吸引了对价格敏感的顾客。

至今为止，也有很多晚餐的促销活动，但很少有明确标注金额的。为家庭开支而烦恼的主妇们受到 10 美元这一金额的吸引前往店铺，批量购买晚餐所需的食物。

● **张贴 "消费者的使用体验" 的 POP**

个人的行动不仅受到个人价值观、信念的影响，还受到与其有关的各种社会集团的影响。对个人的行动产生影响的集团叫作 "参照集团"。

关于零售业，从一位顾客的立场来看，其他的顾客就是身边的 "参照集团"。其他顾客的话具有说服力。

利用这个心理现象的就是记录顾客实际体验的 POP。

刊登说"非常好吃"的顾客的感想、照片及其名字，本来没想购买的顾客也会不自觉地想买了。

在对商品满意的顾客的协助之下，拍摄顾客和商品的照片，让顾客说一些推荐评论，张贴于店内。

沃尔玛在介绍新商品时，利用临时打工者的推荐评论。

虽然介绍的是工作人员的照片和名字，但因为是实际使用后感到满意的员工的介绍，所以推荐也是值得信赖的。

此时，比起"店长推荐"，"员工推荐"更为有效。

因为在"参照集团"中，员工或者临时打工者比店长更接近消费者。消费者有时会隐约感到，店长推荐的商品可能是利润较高的商品或者库存较多的商品。

此外，最近经常在超市看到"Buyer's pick（消费者选择的主推商品）"的 POP。这是消费者自己推荐的很难买到的商品，或者在非常好的条件下才能买到的商品。

这些商品包含消费者的自豪感，值得信赖，也有很多购买优点，所以人气很高。

- 试吃、试饮、试穿、试用服务

对于只购买必要商品的顾客，让其感到"漂亮""好吃""香味迷人""触感舒适"等，吸引其冲动购买的效果比较好。

- 提高 Framing 效果的特价商品

在特卖宣传单中，准备好吸引顾客的特价商品。

但是，如果仅是特价商品，店方的利润就会减少。有必要通过关联陈列等方式，努力增加消费者的购买件数。

其中一个方法是，在具有冲击力的特价商品的旁边，摆上同系列的商品。受到特价商品的吸引，即便价格略高，顾客也会因为"更好用""更有魅力"而选择购买。

正如"想买""有兴趣"等将顾客引入一个方向，就叫作"Framing"。此时，吸引顾客进入"想买"的模式，并且购买正价商品。这点很重要。

● **公益促销**

举行"支援大灾害受灾者促销"活动能唤起消费者的购买欲望。因为消费者能够通过购买支援受灾者，感到助人为乐的幸福。

老年消费者有回报社会的欲望强烈，很多年轻人也希望通过参加公益活动激发工作热情。通过捐助部分消费金额给"消除小儿癌症基金""乳癌消灭基金""贫困国家孩子的教育基金"，即呼吁消费者通过日常购物为社会做贡献，可以吸引消费者购买一些不是马上需要的商品。

④只在物美价廉的店铺、只在合适的时候购买的顾客

越是数量少的商品，越是难以买到的商品，人的需求越强。对于期待获利感的顾客而言，以"限定"为关键词的促销方法或者宣传价格优势的方法比较合适。

● 限定促销

"限定 100 个""优惠前 50 名""〇 月 〇 日前为止""上午 11
点为止"……

难以买到的商品会刺激顾客的购买欲望，让顾客感到"不
早点买的话就没了"。购买条件越是苛刻，顾客"不快下手的话
就没了"的焦虑感越重。

限定条件的商品的价值，不仅是因为其本身卓越，难以买
到的这份辛劳也提高了商品的价值。

● "Anchor" 商品的并排陈列

消费者希望比较商品选择更好的那个。此时选择的关键就
是"Anchor"，也即价格、数量、服务、时尚感、商品的质量和
功能、设计等。

我们以 PB 为例。PB 商品可以与 NB 商品一同陈列，宣传
其价格低廉。此时的"Anchor"就是 NB。在打折销售时，在价
格标签上写下日常销售价格也是一种"Anchor"。

● "Mail in Rebate" 促销

"Mail in Rebate" 促销是指给将促销商品的收据寄送给指定
地方的消费者，寄送折扣卡。

这项促销有两个优点。第一，通过宣传价格优势促进购买。
第二，促销费用低。

例如，促销商品为剃须刀，通过 3 美元折扣的宣传和 POP

吸引顾客冲动购买。

但是，也有顾客觉得填写在所规定的纸上再寄回太麻烦，所以实际利用率不高。因此，比起对所有销售的商品打折更节约成本。

方法有两个。一个是促销手册的 "Mail in Rebate"，另一个是普通的 "Mail in Rebate"。

促销手册以促销公司为主，厂家和零售商配合。

在指定期间内购买店铺准备好的促销手册上的商品，一并将收据等寄回至指定地方，就能收到与合计折扣金额相等的供下次使用的优惠券。

购买写有 "返 350 美元" 的小册子上的所有商品，就能得到 350 美元的折扣，促销效果很大。

普通的 "Mail in Rebate" 是以个别商品为对象，通过广告单和 POP 宣传返还金额，吸引顾客购买。

与促销手册一样，在指定的纸上写上名字、地址、UPC 号，贴上商品的收据并寄到指定的地方。

例如，Chivas Regal 的苏格兰威士忌、Beefeater 和 Seagram 的杜松子酒等，从 6 种威士忌酒中选择购买 3 瓶（750 毫升）以上，就能返还约 15 美元的活动。在卖场的各处都张贴 "返还 15 美元" 的 POP 广告单，激发顾客的购买欲望。

价值促销

促销的重要性

对于美国的零售业和厂商来讲，促销活动非常重要。

消费品厂商的促销成本（贸易促销和消费者促销）占广告、促销成本的四分之三（见表 48）。

表 48　消费品厂商的广告、促销成本的比例（%）

种类	1980 年	1990 年	2000 年	2013 年
媒体广告（电视、报纸、杂志等）	44	28	25	23
消费者促销	22	25	24	24
贸易促销	34	47	51	53

媒体广告的成本比例从 20 世纪 80 年代的 44% 缩小至 23%，消费者促销维持在四分之一的比例。其间，零售店和批发商合作举办的贸易促销从 34% 扩大至了 53%。很多媒体广告支持贸易促销和消费者促销活动。

其中，最有人气的消费者礼券每年的使用数量约为 80 亿人次。消费者节约了约 50 亿美元。某项调查显示，90% 的消费者在过去 6 个月内使用过礼券。实施企业的比列中，以礼券促销为最高，达 97%，其次分别为样品促销占 72%、现金返还促销占 66%、抽奖促销占 63%、奖品促销占 56%。

促销和媒体广告的成本之所以发生逆转有两个原因。

第一,看电视、报纸、杂志的时间减少,这些媒体的效果不佳。

第二,电视广告在短时间内很难充分宣传商品的特点,因此,店铺的 POP、咨询服务、演示促销等将其取而代之。

例如,沃尔格林每日来店顾客数量超过 680 万人次,一年达 24 亿人次。这些顾客看到的卖场的 POP 充分发挥了媒体宣传的功能。

销售促销的目的是 "激励消费者购买目的商品、服务"。打折促销、赠品促销、优惠券促销、现金返利促销、抽奖促销、自己结算促销、增加积分促销等促销活动能缩短顾客决定购买的过程,直接引导顾客做购买决定,进行购买。为此,与其他的营销活动相比,短期内就会有效。

但是,效果未必一直持续。

因为,向一般购买 A 商品的消费者赠送 B 商品的优惠券,或许当时会购买 B 商品,但是如果没有了优惠券,很有可能还是会购买 A 商品。

促销是针对目标消费者需求的商品和服务,改变价格、价值平衡的营销和交流活动,必须达到短期的营业额增长和长期的品牌价值提高两个效果。

此外，为了获得长期的成功，取得与市场营销活动平衡的综合战略很重要，应该避免一味偏重促销。零售业应根据经验，将促销的营业额控制在整体的30%以内。

①促销的优点和缺点

很多企业重视促销的原因如下。

●容易出效果

与期待长期效果的广告和PR活动相比，促销有增加营业额的短期效果。

●容易测定效果

广告、PR互动的效果测定比较难，但是促销的效果容易测定。促销被称为最科学的市场营销手段。

●容易实行、很经济

不论范围和规模大小，促销可通过现场判断加以实行。比起其他方法成本低，各区域、连锁店、店铺，可分开并灵活进行。

另一方面，促销也有以下缺点。

●不利于树立品牌形象

与广告和PR活动不同，促销有立即增加营业额的优点，但无助于强化品牌力。

●频繁举行会有损品牌形象

频繁进行促销，会让消费者形成商品劣质的印象，也有可能出现在非促销期间完全卖不动的状况。越是没有特点的商品，越容易陷入这样的恶性循环。

● 稍稍降价不具吸引力

消费者如果习惯了降价，那么对于稍稍降价的商品将会不予理睬。店铺因此只能大幅降价，这样的话利润就会减少。

● 花费意想不到的成本

销售过旺会缺货，从而失去消费者的信赖。销售不好则由于商品和专用器具等库存增加，而必须做废弃处理。

● 会看轻销售

有可能会忘记培养产品、提高品牌力等脚踏实地的活动，产生短期轻松确保营业额、这种不负责任的想法。

② 成功的促销

明白其优点和缺点后，有效进行促销有以下要点。

● 目标是谁？

目标必须明确。

除了人口动态，还需要根据心理记录图表（心理学的属性。具体有生活样式、喜好、价值观、信念、宗教、购买意向、动机等）的分类锁定目标顾客群。

● 找到购买动机

消费者选择商品的原因有品牌力、味道、设计、价格、习惯购买，以及各种混合在一起的原因等。搞清顾客选择的原因，开展合适的促销。

● **促销的目的是什么？**

促销的目的必须明确。

例如，增加短期的营业额、促进品牌力的试用促销、认知品牌、塑造竞争品牌的形象、增加忠实顾客、发展新客户等。

令人瞩目的 "Cause Marketing 促销"

最近，在美国受到关注的是被称为 "Cause marketing" "Cause-related marketing" 的社会贡献型促销活动。

这是以营销和社会贡献两不误为目的的活动，表达了店铺对社会问题和环境问题积极关注的态度，以给消费者留下强烈的企业存在感，获得利润。

"Cause marketing" 始于 1983 年，当时美国股票交易所开展了 "自由女神修复活动"（每使用一次信用卡就捐款 1 美分）。最近，开展消灭乳腺癌活动的企业将自己的商品涂成粉色，创下了令人惊喜的销售额。

被誉为 "近代市场营销之父"、广为人知的西北大学（Northwestern University）凯洛格（Kellogg，经营）研究生院教授科特勒认为，"如今，欧洲金融危机、气候变化、地球环境污染的增加、模拟向数字（网络、计算机、手机、Social media）的变化，对生产者和消费者产生了巨大的影响，企业的营销方式必须改变"。

此外,他还认为,"过去 60 年,市场营销从以产品为主(市场营销 1.0 阶段)向以消费者为主(市场营销 2.0 阶段)发展,现在进一步向以人为主(市场营销 3.0 阶段)发展,已经进入了企业利润和社会责任并存的时代"。

①Cause marketing 的 "3 个幸福"

人的心理对 Cause marketing 的成功产生了很大的影响。

据说,人的幸福有 3 个。第一,婴儿受到母亲无限关爱的 "被给予的幸福"。第二,成长过程中自己会做各种各样的事情的 "会做的幸福"。第三,为社会所用的 "给予的幸福"。

为了获得最高层次的 "给予的幸福",很多人积极参加志愿者、捐款等对社会有益的活动。

东日本大地震后,日本的很多连锁店也开始了支援活动。这些活动通过日常购物为消费者提供了为社会做贡献的契机。

结果各有所得。

举行活动的店铺获得了消费者的信赖,提高了营业额。受灾地得到了具体的经济支援。消费者通过参加公益活动获得了 "给予的幸福"。

某项调查表明,对 "社会事业" 关心的人约有 40%。

今后,"社会贡献意识" 会进一步扩大吧。因为在老龄化社会,希望给子孙后代留下宜居的地球环境的老年人在不断增加。

②与 "Social return" 最接近的零售业

战略性担当社会责任的企业在增加。介绍商品，与消费者直接接触，与地区保持紧密联系的零售业才最适合解决社会问题。

下面我们看一下零售业的 Cause marketing 举措。

●沃尔格林

将红葡萄酒 PB 商品的一部分营业额捐赠给小儿心脏学会。这是因为该商品的制造商的儿子患有心脏疾病而企划的项目。沃尔格林在 POP 上刊登儿童的照片，呼吁大众捐助。促销的商品现在成了沃尔格林最畅销的葡萄酒。

●拉夫

在数家食品、杂货厂商的协助下，拉夫向生活贫困的人们提供 2500 万份快餐。在端架大量陈列合作厂商的商品，然后将销售额的一部分捐助给贫困对策协会。

● Gelson's markets

购买结账处 2 美元、3 美元、5 美元等不同颜色的卡片，这些费用将会被捐给生活贫困的人。

此外，在广告单上报道员工为地区举办的公益活动，提高了地区消费者的信赖感。

例如，曾在一张广告宣传单上报道了 28 岁的女性员工黛博拉和 21 岁的戴斯为失去头发的女性提供自己的长发做假发的故事。

戴斯的祖母虽然数年前得了癌症，但现在仍健康地活着。戴斯心存感激，想为癌症患者做一些力所能及的事情，与 5 岁的侄女一起想到了为患者提供头发。

"自己还年轻。自己的头发有很强的生命力，而且马上就会长。提供头发不值一提。"（戴斯）

"Wig for Kids" 是一个向因烫伤或者癌症治疗失去头发的孩子提供头发的公益组织。黛博拉通过该团体向这些孩子提供自己的头发。

● **克罗格公司**

在 10 月举办的消灭乳腺癌活动期间，将促销商品——烤肉用的肉制品的营业额的一部分捐赠给乳腺癌协会。

● **美国全食公司**

将促销商品葡萄酒的一部分营业额捐赠给举办植树活动的团体。

● **段瑞德**

向购买环保商品的顾客赠与 2 倍积分，并将一部分营业额捐赠给环境保护相关团体。

● **Yupon**

很多零售业和餐厅都在开展 "Yupon" 活动，顾客购买参与此类活动的商品时，会被赠予积分，顾客能捐赠这些积分作为给自己的孩子和孙子等的奖学金。

- **Fair trade**

Fair trade 是以合适的价格进口、消费发展中国家的农产品和杂货的体系。这能为很多不得不以廉价薪水工作的发展中国家的人创造适当的雇佣机会，消除贫困、获得经济上的独立。

例如，可可生产地多米尼加共和国，由于 Fair trade 的实施，加快了学校设备和水井的添置。

为了获得作为 Fair trade 商品标志的国家 Fair trade（FT）认证，需要满足"劳动环境适当、有环保措施、劳动者人权的确保"等各种条件。

因此，虽然商品比价贵，但是希望为社会做贡献的消费者非常热衷 FT 商品。赞同此项活动的大学生们作为志愿者，在店铺为 FT 商品做促销服务。

第 **4** 章

持续让顾客感到满意

9 持续让顾客满意及解决不满意

顾客满意是习惯购买的关键

重视顾客满意度的斯图·伦纳德总经理认为，"我们的工作是让顾客感到幸福。请始终牢记只有感到满意的顾客才会再次光临。没有顾客，就没有我们的生意。利润是对我们的奖赏，绝不是权力。即，是感到满意的顾客给我们奖赏的证明。"

按照心理学上的"回报性法则"，无论是好是坏，人都有"回报"的心理——报答照顾自己的人（回报好意），还击对自己使坏的人（回击）。

从店铺来看，如果对店铺留下招待亲切、氛围好、备货时尚等好的印象，顾客就会对店铺偏爱，成为固定客户。相反，如果留下了不好的回忆，则会离开，并以口头互传的方式加以批评。一般购物体验良好的顾客会对三四个人讲，而留下不好印象的顾客则会对 10~12 个人讲。这些都是顾客的回报。

美国零售业发展停滞，网络销售却不断发展也可以看作回报性法则的作用。对于以自我为中心的店铺，顾客会敏锐觉察，不再光顾了。

为了让顾客习惯来店，需要在让顾客持续满意的同时迅速解决不满意。因为顾客的不满意会中断习惯化的购物行为，给消费者提供与竞争店比较的契机。

持续提供让顾客满意的服务

"网络是价格竞争，店铺是满意度竞争。"

店铺在价格上是不可能胜过网络销售的。因此，应着力提高顾客的满意度。如果购物体验超过期待，那么顾客的满意度会着实提高。但是，如果不够满意，顾客可能就不会再光顾了。店铺如果不能令顾客满意，甚至不可能成为购物候选店铺。

零售店为了持续让顾客感到满意，重要的是稳定提供 5 个价值。

再说一遍，顾客满意度由"信赖=综合价值"决定。所谓信赖，就是综合了商品、便利性、服务、氛围、价格等 5 个价值的"综合价值"。顾客会在无意识间评价店铺这 5 个方面的价值。

获得了顾客的信赖，才可能让顾客满意，而持续让顾客满意，就能培养忠实的顾客，让这些顾客习惯性地光顾店铺。现在整理一下 5 个价值的要点。

①商品价值

●优良备货

实际上，零售业就是给顾客代办购物。如果不能代替顾客准备好他们需求的商品，就很难维持顾客的满意度。

据 Rover starch 公司调查，高频率购物（高频率在特定的店铺购物）的关键是备货（见表49）。

表 49　顾客高频率购物的要点

第 1 位	顾客需求的商品不断货
第 2 位	结账快
第 3 位	员工亲切友好
第 4 位	所需商品容易找到
第 5 位	退货容易
第 6 位	不混乱
第 7 位	必要时能迅速获得帮助
第 8 位	员工商品知识丰富

※Rover starch 公司的调查

家得宝家居用品店公司经常询问顾客所需的商品。全食公司、艾伯森、拉夫、沃尔格林积极开展调货服务。

因为虽然顾客有所需求，POS 数据也不会显示未备货的商品动向。

● 优良品质

即便商品没有质量问题，但如果包装有污渍，顾客也不会购买。因此，必须时刻关注包括生鲜食品在内的所有商品的新鲜度和品质。

产生质量问题时的应对也很重要。

某超市，对购买了超过保质期商品的顾客免费提供保质期内的商品。这样的措施给顾客和员工留下了企业重视质量问题的印象。

● 易于购买的商品陈列

容易找到、容易拿取、容易购买的商品陈列非常重要。即便提供了让顾客满意的备货和品质，仅仅如此也是不够的。

● 无断货

沃尔玛的创始人山姆·沃尔顿的"成功秘诀 10 条"如下：

● 适当备货，无断货。

● 执行"每日低价"的信念。

● 业务成本比邻近的竞争店低。

● 积极运用技术削减成本、备齐顾客需求的商品。

● 做好顾客服务，提供超过顾客预期的价值。

● 促进采购员和供应商的良好关系。

● 不惧失败，积极挑战新项目。

● 一直认真工作的店长和员工。

- 员工能够参与企划战略决策的"Open Management"。

- 不满足于现状。

此处希望引起注意的是第一条"无断货"。

消费者在购物上花费的时间逐年缩短，高效购物是他们所关心的。对顾客而言，脱销意味着时间的浪费，对店铺会产生失望和愤怒。

某饮料厂商对"顾客因断货而选择其他店铺的条件"进行了调查，发现当断货商品达到三四件，次数达3次以上时，近一半的回答者会选择其他店铺。断货不仅会丧失盈利机会，还会造成客源流失。

②便利性价值

很多连锁店跨业态扩大备货范围。

不仅是超市，药店、折扣店、便利店、百货店等都经营食品。

购物中心、超市、会员折扣店等也经营处方药、OTC药、化妆品等药店的主力商品。顾客可以在各种店铺内购买所需商品，购物的便利性渐渐成为选择店铺的条件。

例如，冰激凌、饮料等在超市购买比较便宜，但是为了节约时间也会在便利店购买。

此外，对于不同业态，消费者能接受的购物时间也不同。便利店是5分钟，药妆店是10分钟，超市是30分钟左右。达不到这个标准的商店，会被排除在购买对象之外，被贴上"不方便店铺"的标签。

在社会生活中，没有时间做家务和育儿的主妇增多，一家人一齐做家务的"时间匮乏"感不断增加。不是"EDLP"，而是"每日便利"的需求不断扩大。

③服务价值

价格竞争是没有出路的。因为如果一家店铺降价了，然后对手店也卖相同的价格，如此恶性循环会陷入价格竞争的泥潭。有这样一句话，"价格只需 1 天，备货需要 3 天就可模仿，但是服务是一辈子都模仿不了的"。

这句话的意思是优质服务不是一朝一夕形成的，相对于竞争对手，能够由此形成巨大的差别。

● 确保满意

某杂志记者提出了这样的问题："沃尔玛成了世界第一。要说其唯一的秘诀，是 EDLP 战略吗？"

沃尔玛的创始人山姆·沃尔顿这样回答道："不是的，是导入了确保满意度的体系。以前很少有人知道 1962 年创业的这家小店铺。如果不能让顾客安心，顾客是不会来自己不知情的店铺的。从驶过那儿的汽车上也能看到店外挂的大大的横幅上写着'确保满意'（Satisfaction Guaranteed），于是顾客就会光顾，也会购买很多商品。而且在使用过后，如果觉得不满意，我们也将无理由退货。"

正如他所说的那样，沃尔玛提供各种保证。

- 广告商品数量保证（广告商品脱销时，即便已经过了优惠期，也可以广告价格购买）。

- 时间保证（保证结账不等待。保证处方药不等待等）。

- 新鲜度保证（保证保质期内商品的备货）。

- 正确价格保证（收银处输入错误对策）。

- 最低价格保证（若比其他店铺贵了，则退回差价）。

这些措施让沃尔玛产生了绝对的竞争优势。

- **优质待客**

原本，自助服务是因为顾客希望不用在意面对面服务的销售员，能按照自己的方式自由购物而产生的。但是，有的店铺强调节约时间和劳力，忽略了待客服务，这是一个很大的错误。

消费者在自助服务中需求的是，"希望自由购物，但是如果有需要时能马上得到服务"。不能认为正因为是自助所以完全不需要服务。

在美国，很多企业都对员工开展将顾客看作"光临我家的贵宾"的待客服务培训。CVS以表50显示的方式教育员工"顾客"的重要性。

表 50　CVS 的 "顾客"

C＝Customers are why you are here	有顾客才有我们
U＝Understand their needs	理解顾客的需求
S＝Strive to be your best	尽全力服务
T＝Try，Try，Try	实行，再实行
O＝Open checkstands when needed	为了不让顾客等待，必要时立即新开结账通道
M＝Make yourself available	保持能立即为顾客服务的状态
E＝Every customer is special	任何一位顾客都很重要
R＝Receive all customers with a smile	保持笑脸迎接所有的顾客
S ＝ Silence isn't always golden … Speak up	沉默并不总是金。请主动和顾客打招呼

- **咨询服务的能力**

美国的店铺站在顾客的立场进行咨询服务。

决不强行推销，商品不适合时，委婉告知顾客。虽然不能马上销售商品，但从长远的眼光来看，优质的咨询服务有助于店铺信赖感的形成。

④**氛围价值**

为了实现低价格，购物中心、廉价专卖店竞相引入低成本业务体系。结果，店铺的氛围乏味、缺乏温馨感。

为了创设愉快的购物氛围，以下两点是关键。

- **清洁、整理整顿**

沃尔格林将以前每 8 年进行店内整修的基准缩短为 5 年。

271

关于以前的"零售业之王"KMart 衰败的原因，也有咨询公司认为是店内装修太旧了。

我每年都会考察 1000 家以上的店铺，仅从外观就能大致判断其是否兴隆及以后的走向。正如医生看病人的脸色就能判断身体状况一样。

所以，店铺的美观，停车场、入口处的清洁感，地板和顶棚的清洁感，POP 的时效性等都很重要。

● 让顾客惊叹"Wow!"的五感诉求

繁忙的消费者减少休闲和购物的时间。为此，家庭休闲作为简单的休闲方式而出现，也出现了"Couch potato"（坐在沙发上边吃薯片边看电视、放松休闲的人）一词。

这些人经常足不出户，上网购物。为了吸引他们来店，必须让他们感到"店内有很多有趣开心的事"。

斯图·伦纳德店内到处都是木偶在唱歌跳舞。店铺外面也有迷你动物园，颇受孩子们的欢迎。

美国全食公司创造让人感觉激动愉悦的卖场氛围，设置了很多试饮、试吃柜台，举办面向单身女性的"女生晚会（Girls Night Party）""时装秀""爵士演奏会"等活动。

Trader Joe's 在墙壁上画上地区有名的建筑物、名胜古迹，增强顾客的地区意识，通过有魅力的手写 POP、试饮专柜的免费咖啡、和员工的友好会话等创造愉快的店铺氛围。

⑤价格价值

为了提高价格价值，重要的是正确的价格、公道的价格、标识清晰的价格。

● 正确的价格

在普及 POS 的现代社会，结算时有时会发生错误。之后察觉有误的消费者会对店铺产生不信任感。

由于维护不利，截至上周为止的折扣价格标签没有撤除，但消费者会认为是现有价格而购买商品。但在结账时收银台会以日常销售价收取，所以就会产生价格差，引发纠纷。同样，商品和价格标签不对应时，也会让消费者产生误解，引发纠纷。

在药店来爱德，如果收银台输入的价格高于标签价格，会免费提供商品，输入比实际销售价便宜时，则以便宜的价格销售，这提高了消费者对价格的信赖感。

● 公道的价格

所谓公道的价格是指商品、便利性、服务、氛围的价值让顾客感到物有所值。以与价值相符的价格销售就是公道的、合适的价格。

在价格竞争力方面不如网络销售的店铺，以公道的价格为基础展开价格战略。但是，如果给顾客带来价格昂贵的印象，顾客就会远离。所以，重要的是注意竞争店铺的价格，不要给顾客留下昂贵的印象。

美国的超市将牛奶、鸡蛋、香蕉、卷纸、洗涤剂等作为价格敏感商品，对价格格外注意。虽然业态不同也会有所不同，但是顾客能关注的价格为200~500个，再多就记不住了。

为了让顾客认识到本店提供的是与价值相符的公道价格，需要诉诸判断脑。

例如，美国的零售业积极为社会做贡献就是作用于顾客的判断脑，以给顾客广泛留下良好的印象，对价格的微小错误能予以谅解。

沃尔玛、廉价专卖店展开 EDLP、最低价格保证活动等也都是为了作用于消费者的判断脑，以给顾客留下最廉价的印象，让顾客觉得"沃尔玛的价格是绝对可以放心的"。

此外，连锁店基本采取"同一连锁店、同一价格"的政策。但是采取公道价格战略的连锁店也会根据商圈内的变化而改变价格。这是因为其重视价格公道。

沃尔格林有由本部决定的 A~F 等 6 个价格体系，开店成本较高的市中心店铺采取最高价格区间 F，与沃尔玛临近的店铺则采取最低的 A 价格区间。

从实际对邦迪展开的价格调查来看，芝加哥市中心的店铺卖5.49美元，沃尔玛附近的店铺卖4.19美元。市中心店的价格即便比郊区店的价格高，但由于其卓越的便利性，也做到了价格公道。

- **标识清晰的价格**

某顾客调查显示，顾客最关注的是价格的标识清晰。因为，对于价格标识不清的商品，顾客会感到不安，怎么会买？所以，重要的是价格标签文字标识清晰、放置于容易看清的地方。

早日摘除不满意的萌芽

为了让顾客习惯来店，重要的是早期解决顾客的不满意。顾客的不满意会中断习惯，给顾客考虑改去其他店铺的机会。

顾客不满意的原因大多来自员工。对员工的态度、服务感到不满的顾客会降低店铺的销售额。某项调查显示，顾客离开店铺的原因中，员工的态度占 70%，对商品的不满不到 20%。

那么，对员工怎样的态度，顾客会感到不满呢?

- 没有跟顾客打招呼。
- 服务时没有微笑。
- 声音太小。
- 没有看着顾客的眼睛打招呼。
- 在卖场闲聊。

这五项是主要原因。其中希望引起注意的是打招呼。

例如，尽管按照培训手册去做了，但很明显是敷衍了事的话，即便动作上没有可挑剔的地方，也会给顾客留下糟糕的印象。此外，也有员工忙于手头的工作而背对着顾客打招呼。本应该有眼神的交流，但这样不过是搭话而已。

零售业的工作不是卖场的管理。让顾客对购买的商品感到满意才是工作。刚才的例子错误理解了工作和作业。

另外一个希望引起注意的是巧妙应对投诉。

完全没有投诉的店铺是不可能的。重要的是尽快解决问题，给顾客留下良好的印象。

笨拙的投诉应对有共同点。其中之一是，对于顾客的投诉，员工以处理纠纷的态度去应对。

应该站在顾客的立场，以"道歉""同感""迅速解决""感谢"为关键词应对投诉。

将不满说出来的顾客是有限的。某项调查显示，65%是回头客。因为只有对店铺抱有期待的、忠实程度高的回头客，才会敢于将看不过去的事情表述出来。

其他调查显示，对店铺表示不满的顾客，100 多个人中不过4 人而已。剩下的 96 人要么一言不发，要么不再前往该店。

但是，处理好了也有好处。

虽然有重要的问题，但是不说出不满的顾客的再次购买率为 9%。但是，当即解决了不满的顾客的再次购买率高达 82%。这表明，当顾客不满时，让他说出来，当即加以解决的重要性。

10 习惯化的关键在员工

在美国，提供优质顾客服务的零售业取得了"顾客的在店时间延长 50% 以上"、"销售及市场营销的成本削减了 20% ~ 40%""纯利润提高 7% ~ 17%"等效果。

为了获得这些成效，必须不怕麻烦录用、培养优秀人才，然后让他放手去干。

优秀员工的优质服务能吸引消费者成为忠实顾客，忠实顾客的好评让员工充满工作热情。

顾客满意（CS = Customer Satisfaction）来自员工的满足（ES = Employee Satisfaction），忠实顾客由忠实的员工培养出来。

那么，这样优秀的企业是如何培养忠诚的员工的呢？

这些企业的共同点是通过"高定位员工""录用 Customer Satisfyer""培训""激发工作热情"等提高员工的满意度的。

高定位员工

①员工不是成本，而是资产

员工既不是体力劳动者，也不是消耗人工费的负担，而应该被理解为企业重要的资产。

因此，通过培训提高其价值，给予其期待的待遇。将其看作合作人或者伙伴，而不只是 Employee（员工、雇员），在企业理念中，应将其定位为仅次于顾客的或者最重要的存在。

诺德斯特龙（Nordstrom）的组织机构图是倒立的金字塔型。顾客在最上面，其次是离顾客最近的现场员工，然后是部门负责人、经理、董事等，离现场越远，越在下位。

该公司将一般设置在店铺里面或者一角的员工的休息室调整在店内楼上、视线良好的地方。因为在好的环境休息后的员工会加油工作，为顾客提供优质的服务。

②增强 "My Company" 意识

在美国，总经理只考虑自己、忽视顾客和员工的企业受到强烈批判而倒闭。"His Company（他的公司）" 当然会被顾客和员工抛弃。

有段时间，重视团队合作、让员工树立 "Our Company（我们的公司）" 意识占主流。

但是，现在为了提供真正优质的服务，必须让员工持有 "My Company（我的公司）" 的想法受到关注。

美国老店 Marshall Field's 的总裁在店内遇见员工的夫人及其6岁的女儿时，询问孩子 "父亲做什么工作呀"，女孩子回答道，"这家百货店是爸爸的"。孩子母亲慌忙道歉，Marshall Field

这样说道："道歉什么的，根本不需要。我由衷希望在这儿工作的所有员工都将公司看作自己的企业。因为这样的话，就能成为世界一流的优秀企业。我很荣幸您丈夫在本公司工作。"

这是一段有关重视"My Company"意识培养的总裁的佳话。

③强化家庭意识

美国的很多企业都让人觉得人际关系僵硬。事实上，越是优秀的企业，家庭意识越强。最近，有意识地渗透这个意识的举措在不断扩展。

为了提高公司一体感，有的企业的总经理自己频繁前往现场，理解现场发生的事情，并与员工一起负责解决问题。

为了解决问题，有的企业提出"Open door policy"的方针，即员工可以随时找总经理商谈。

当和直属上司建议没有效果时，有的企业鼓励员工直接和更上级的领导直接交流。

有的企业也非常关心员工的家人，当员工家有婚丧事宜时，前去祝福或慰问。

沃尔格林在灾后迅速重振，比其他药店先行一步恢复 24 小时营业，与企业的家庭意识并非没有关系。

因为平时一直善待员工及其家人，所以在面临危机时，能让员工迅速恢复严峻的工作态势。

"企业如何对待员工，员工也会如何服务顾客。"

如果追求顾客满意度，必须善待包括家人在内的员工一家。

不要忽视"Customer Satisfyer"

对于公司而言，录用能成为优秀员工的人才很重要。因为对于不可能成为优秀员工的人，即便再怎么进行优质的培训也效果甚微，而且不具这项潜质的员工即便只有1位，也会影响店铺和企业的形象。

因此，越是优秀的企业，越会在录用员工上花费劳力和成本，全力寻找对顾客满意感到欣喜的员工，也即Customer Satisfyer。

例如，诺德斯特龙在弗吉尼亚州开设东海岸1号店时，虽然只需要录用400位销售员，却进行了约3000人的面试，严格选择Customer Satisfyer。

下面列举选择潜质高的人才时的要点。

①按照企业理念进行一般招聘

美国很多企业都是全年无休的24小时营业或者与其相近的经营模式。

为了做到在圣诞节、感恩节等特别的节日里照常营业、深夜营业，需要培养对企业和工作忠诚的员工。

因为，在美国，圣诞节、感恩节不与家人一齐度过而去工作会导致离婚。对生活不规律的深夜上班感到快乐的人也不可能多。

为了确保忠诚度高的员工，首先应该录用与自己公司的企业文化相符的人才。很多企业都在招聘手册中列有企业理念和文化，这表明企业一方需要招聘赞同理念的人才。

此外，也有很多企业采取员工介绍制度，录用老员工的朋友或者熟人。因为通过优秀员工的介绍能录用优秀人才的概率比较高。

②提高员工积极性的公司内招聘

沃尔格林、诺德斯特龙除了一般招聘，还进行公司内招聘。如果职位有了空缺，从公司内选拔人才。

其目的之一是，尽量让理解企业文化的员工从事重要的职位；另一个是，为希望从事公司内其他工作的员工打开就业通道。

③比起学历更重视人品的录用

美国零售业在招聘员工时重视的是人品。

比起学历、成绩，美国的零售业更关注讨人喜欢的性格、认真、老实等人品。具体要点如下。

- 阳光、快乐的人。
- 重视团队合作的人。
- 保持平衡感的人。
- 看着对方眼睛说话的人。

- 让人觉得"想从这个人处购买商品"的人。
- 检查过去的工作履历。
- 通过让现场的员工共同参与多阶段面试进行检查。

分两个阶段进行员工培训

具有明确企业理念的公司，不仅会全力招聘与本公司相符的人才，也会在录用后进行全面的员工培训。

很多新职员培训都分新人教育和训练两个阶段。

①传播企业理念的"新人教育"

在贯彻企业理念培训的迪士尼，无论职位高低，对于新录用的员工，一律要求参加称为"Disney Tradition"的新人教育。

在新人教育中，公司培训部门"迪士尼大学"的老师会教授新员工有关迪士尼企业的历史、理念、概要、制度等。

沃尔格林的员工教育也是一样的。关于员工教育的体验，芝加哥连锁店的店长这样说道：

"加入本公司的所有员工都接受了培训，在培训中，我们通过各种例子向他们说明药店受到顾客的信赖，对于地区来讲是不可或缺的存在，而我们所做的是与顾客性命攸关的重要的工作。

"然后，有时会流泪交谈关于在沃尔格林工作的崇高性和喜悦。

"因为我们的工作不仅是销售商品，也是为地区居民的健康和魅力做贡献，所以一开始我们就教育员工工作的重要性，以及应有的工作态度。"

②掌握规则、培养自信的培训

必须对新员工进行培训的原因有两个。

第一，因为以新员工为借口是不可能说服顾客的，所以在派往卖场之前，必须掌握最低的规则和应对方式。

第二，为了让新员工拥有接受了充分培训的自信。

新员工之所以感到不安，是因为没有拥有足够的自信就被派往了卖场。如果在工作上有所失误，难以挽回的失误越大越会丧失自信，很有可能因此而讨厌工作。

培训计划分以下 3 部分：

● **心理素养**

为了和顾客建立良好的关系，学习待客服务和投诉应对的方法。

● **软件**

学习让顾客易于购买的布局、陈列、POP、价格、商品知识、咨询服务等。

● **硬件**

学习店铺设备、收银机等机器、备用品的用法以及团队工作等。

提高员工的工作积极性

与员工培训同样应引起重视的是员工的工作积极性。原因有三。

第一，像以前那样的威慑性的指导方式，员工是不可能接纳的。

第二，为了让顾客感到满意，需要当即做出适当的判断和行动，这需要员工的自主性。

第三，员工本人如果没有干劲，生产率的提高是很困难的。有企业干部指出："员工积极工作的话，生产率很容易就能提高 10%。"

很多企业误认为给钱就能让员工有积极性。因为他们觉得，廉价薪水不可能招聘到优秀人才，也不可能培养忠诚度高的员工。

但是，即便给予合适的薪水，金钱也不可能是最具效果的促动因素。

比起金钱，"参与企业经营""权限委托""评价和奖励"等才是关键。

①参与企业经营

为了增强参与企业经营的意识，必须共有信息。

家得宝家居用品店公司的董事长和总经理在每季举行的星期日早餐会上发表该季度的业绩和今后的计划，与员工一同讨论、答疑。早餐会通过卫星电视举行，所有员工都可参加。

早餐会的优点是经营高层通过答疑的方式了解员工的所思所想，同时，员工也能详细了解公司的经营状况和方向。

②激发积极性和智慧的提案制度

导入员工提案制度的企业在不断增加。其目的是发挥现场的智慧，增强参与意识和积极性。

对于单方加于的工作，员工有时没有热情，甚至会反抗。但是，一旦自己的想法被采纳、努力被认可，就会积极地参与、坚守。

沃尔格林的员工提案制度设计了"削减成本""提高生产率""提高质量""提高效率""提高顾客服务""提高安全性"等主题，最高会支付 1 万美元的奖励。

③提高服务能力的权限委托（授权）

权限委托是指激发员工的潜力，提高服务水平。

沃尔玛的创始人山姆·沃尔顿基于"People Make Difference"（员工是与竞争店拉开差距的关键）的企业哲学理念，持有以下信念。

第一，人通常具有比在工作单位所发挥的更大的才能，但是没有全都表现出来。

第二，任何人都想从事好的工作、有意义的工作。即如果授予权力，创设更舒适的工作环境，员工会发挥更高的能力。

因此，沃尔玛根据友好合作关系这一想法将员工称为伙伴，积极委托权限。给最接近顾客、最知道顾客需求的现场员工最大的权限，让其制订对顾客而言最佳的计划并加以实施。

权限委托有以下好处：

- 能为顾客尽早解决问题。

- 员工因受到信赖与委托，会负有想要完成的责任感。

- 被授权的员工对工作持有很强的兴趣和积极性，这有助于提高企业的生产率。

另外，关于顾客服务，以"Just Say Yes"（对顾客的需求回答 Yes）为基本理念的星巴克完全授权给最一线的员工，以让他们采取最佳的判断和行动。

例如，如果有顾客在外面等待，可以提前营业等，全权委托现场判断。

④加以肯定，培养人才

提高工作积极性的最后一环是"评价和奖励"。正确评价做得好的，并给予奖励。

商业畅销书《一分钟经理》的作者肯·布兰佳认为，"我自己在人生中学到了一点，那就是：无论谁都希望得到肯定、得到认可。不仅是员工，也包括经理；不仅是运动员，也包括教练；不仅是孩子，也包括服务。这似乎是一个常识，但实际上并没有得到贯彻实施"。

如表 51 所示，关于"员工对公司的需求"，"更高的薪水"只占第五位，第一位是"工作优秀时得到肯定"。

表 51　员工和经营者的不同需求

员工对公司的需求	员工的考虑顺序	经营者的考虑顺序
工作优秀时得到肯定	第 1 位	第 8 位
参与决策	第 2 位	第 10 位
公司对个人问题的诚意帮助	第 3 位	第 9 位
确保工作	第 4 位	第 2 位
更高的薪水	第 5 位	第 1 位
有兴趣的工作	第 6 位	第 5 位
升职和发展的可能性	第 7 位	第 3 位
经营者对员工的忠诚	第 8 位	第 6 位
良好的工作环境	第 9 位	第 4 位
灵活的规律	第 10 位	第 7 位

员工每周将 25% 以上的时间用于工作，除了睡觉时间，如果包括上下班通勤时间和工作时间，每日有近 50% 的时间花在公司。

对于那么花时间的工作，员工希望工作有意义，希望得到上司和同事的肯定。既然在单位工作，就必须给予能舒适生活的薪水，但也被理解为不可能得到过奢侈生活的薪水。

大部分员工将工作优秀时得到"肯定"作为最大动力。但大部分上司不理解这一点，未能彻底激发员工的积极性。

人受到表扬，就会打开心扉，然后努力工作。相反，如果被一味斥责，就会关闭心门，闹别扭。

优秀的企业评价制度有三个特征。

第一，参与型评价。不是上司单方进行评价，员工也能对自己进行评价，然后与上司的评价比较。

第二，加分的方式。尽量找到优点加以肯定，然后再讨论需要改善的地方。从表扬开始容易打开心扉，指出的改善之处也容易接受，进行更有效的交谈。

第三，让员工参与决定改善目标。在上司和员工都认可后确定三个具体的改善目标，双方一同努力，加以贯彻执行。

⑤Reward（奖励）

正确评价后所要做的是，根据所做的贡献给予升职、加薪、返利、奖励等。

●升职、加薪

升职是 Reward 中最具影响力的。因此，如果不正确执行，反而会破坏公司的氛围，起到反作用。"年功序列""偏袒""没有管理能力的人的升职"等都是禁忌。

●返利制度

为了鼓励员工的干劲，很多零售业都采用返利制度。关于人才的重要性，作为优秀工艺品商店而为人熟知的 Michaels 的董事长说道："关于店铺和商品，各企业之间的差距并不大，但是员工则有较大的差异。如果员工没有干劲，不可能让顾客满意、获得利润、提高效率。本公司每个店铺安排 10 名左右的员工经营，每位员工都必须成为经营者。为此，建立了 Profit Sharing Program（返利制度），将店铺利润的 3%~6% 返给店长，然后将店铺利润的 1% 作为奖金返给各部门的负责人。"

● **奖励**

与升职、加薪、返利不同的 Reward 制度是奖励。奖励有精神奖励和物质奖励两种方法。

威奇托大学的 Graham 教授指出，"提高员工积极性最为有效的方法是，员工工作出色时，上司适时地、私下予以褒奖"。

精神奖励如下：

● 直接评价"谢谢，做得很好啊"。

● 感谢卡或者表扬信。

● 在店内或者总经理室刊登优秀员工的照片。

● 和上司或者总经理一起用餐。

● 授予奖状或者奖章。

● 和总经理面谈。

● 给予特别休假。

另一方面，物质奖励如下：

● 支付现金。这种方式具有手续简单、简明易懂的优点，但不像奖状那样能留存下来，因此也有过一段时间就没有了新鲜感的缺点。另外，如果支付金额少，很有可能会产生不满。

● 支付商品券、礼品券。

● 商品的折扣购买。诺德斯特龙对于达成巨大目标的员工给予"Pace setter（标兵）"奖，获得该奖项的员工第二年可以67%的折扣购买该公司的商品。平常的员工折扣为87%，所以是2倍多的折扣奖励。

与升职、加薪、返利一起，正确的奖励措施能提高员工工作的积极性，最终能提高顾客满意度，进而促进顾客习惯性购买商品。

"服务的细节" 系列

《卖得好的陈列》：日本"卖场设计第一人"永岛幸夫
定价：26.00元

《为何顾客会在店里生气》：家电卖场销售人员必读
定价：26.00元

《完全餐饮店》：一本旨在长期适用的餐饮店经营实务书
定价：32.00元

《完全商品陈列115例》：畅销的陈列就是将消费心理可视化
定价：30.00元

《让顾客爱上店铺1——东急手创馆》：零售业的非一般热销秘诀
定价：29.00元

《如何让顾客的不满产生利润》：重印25次之多的服务学经典著作
定价：29.00元

《新川服务圣经——餐饮店员工必学的52条待客之道》：日本"服务之神"新川义弘亲授服务论
定价：23.00元

《让顾客爱上店铺2——三宅一生》：日本最著名奢侈品品牌、时尚设计与商业活动完美平衡的典范
定价：28.00元

《摸过顾客的脚才能卖对鞋》：你所不知道的服务技巧，鞋子卖场销售的第一本书

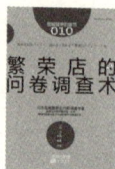

定价：22.00 元

《繁荣店的问卷调查术》：成就服务业旺铺的问卷调查术

定价：26.00 元

《菜鸟餐饮店 30 天繁荣记》：帮助无数经营不善的店铺起死回生的日本餐饮第一顾问

定价：28.00 元

《最勾引顾客的招牌》：成功的招牌是最好的营销，好招牌分分钟替你召顾客！

定价：36.00 元

《会切西红柿，就能做餐饮》：没有比餐饮更好做的卖卖！ 饭店经营的"用户体验学"。

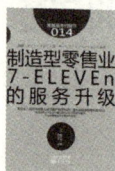

定价：28.00 元

《制造型零售业——7-ELEVEn 的服务升级》：看日本人如何将美国人经营破产的便利店打造为全球连锁便利店 NO.1！

定价：38.00 元

《店铺防盗》：7 大步骤消灭外盗，11 种方法杜绝内盗，最强大店铺防盗书！

定价：28.00 元

《中小企业自媒体集客术》：教你玩转拉动型销售的 7 大自媒体集客工具，让顾客主动找上门！

定价：36.00 元

《敢挑选顾客的店铺才能赚钱》：日本店铺招牌设计第一人亲授打造各行业旺铺的真实成功案例

定价：32.00 元

《餐饮店投诉应对术》：日本 23 家顶级餐饮集团投诉应对标准手册，迄今为止最全面最权威最专业的餐饮业投诉应对书。

定价：28.00 元

《大数据时代的社区小店》：大数据的小店实践先驱者、海尔电器的日本教练传授小店经营的数据之道

定价：28.00 元

《线下体验店》：日本"体验式销售法"第一人教你如何赋予 O2O 最完美的着地！

定价：32.00 元

《医患纠纷解决术》：日本医疗服务第一指导书，医院管理层、医疗一线人员必读书！ 医护专业入职必备！
定价：38.00 元

《迪士尼店长心法》：让迪士尼主题乐园里的餐饮店、零售店、酒店的服务成为公认第一的，不是硬件设施，而是店长的思维方式。
定价：28.00 元

《女装经营圣经》：上市一周就登上日本亚马逊畅销榜的女装成功经营学，中文版本终于面世！
定价：36.00 元

《医师接诊艺术》：2 秒速读患者表情，快速建立新赖关系！ 日本国宝级医生日野原重明先生重磅推荐！
定价：36.00 元

《超人气餐饮店促销大全》：图解型最完全实战型促销书，200 个历经检验的餐饮店促销成功案例，全方位深挖能让顾客进店的每一个突破点！
定价：46.80 元

《服务的初心》：服务的对象十人百样，服务的方式千变万化，唯有，初心不改！
定价：39.80 元

《最强导购成交术》：解决导购员最
头疼的 55 个问题，快速提升成交率！
定价：36.00 元

《帝国酒店——恰到好处的服务》：
日本第一国宾馆的 5 秒钟魅力神话，
据说每一位客人都想再来一次！
定价：33.00 元

《餐饮店长如何带队伍》：解决餐饮
店长头疼的问题——员工力！ 让团队
帮你去赚钱！
定价：36.00 元

《漫画餐饮店经营》：老板、店长、
厨师必须直面的 25 个营业额下降、顾
客流失的场景
定价：36.00 元

《店铺服务体验师报告》：揭发你习
以为常的待客漏洞　深挖你见怪不怪
的服务死角　50 个客户极致体验法则
定价：38.00 元

《餐饮店超低风险运营策略》：致餐
饮业有志创业者＆计划扩大规模的经
营者＆与低迷经营苦战的管理者的最
强支援书
定价：42.00 元

《零售现场力》：全世界销售额第一名的三越伊势丹董事长经营思想之集大成，不仅仅是零售业，对整个服务业来说，现场力都是第一要素。
定价：38.00元

《别人家的店为什么卖得好》：畅销商品、人气旺铺的销售秘密到底在哪里？ 到底应该怎么学？ 人人都能玩得转的超简明MBA
定价：38.00元

《顶级销售员做单训练》：世界超级销售员亲述做单心得，亲手培养出数千名优秀销售员！ 日文原版自出版后每月加印3次，销售人员做单必备。
定价：38.00元

《店长手绘POP引流术》：专治"顾客门前走，就是不进门"，让你顾客盈门、营业额不断上涨的POP引流术！
定价：39.80元

《不懂大数据，怎么做餐饮？》：餐饮店倒闭的最大原因就是"讨厌数据的糊涂账"经营模式。
定价：38.00元

《零售店长就该这么干》：电商时代的实体店长自我变革。
定价：38.00元

《习惯购买的力量》
定价： 68.00 元

《7-ELEVEn 的订货力》
定价： 58.00 元

《与零售巨头亚马逊共生》
定价： 58.00 元

《下一代零售连锁的 7 个经营思路》
定价： 68.00 元

《唤起感动： 丽思卡尔顿酒店"不可
思议" 的服务》
定价： 58.00 元

更多本系列精品图书，敬请期待！

《日本家具 & 家居零售巨头 NITORI
的成功五原则》
定价： 58.00 元

《咖啡店卖的并不是咖啡》
定价： 68.00 元

《革新餐饮业态： 胡椒厨房创始人的
突破之道》
定价： 58.00 元

《餐饮店简单改换门面， 就能增加新
顾客》
定价： 68.00 元

《让 POP 会讲故事， 商品就能卖
得好》
定价： 68.00 元

《经营自有品牌： 来自欧美市场的实
践与调查》
定价： 78.00 元

《卖场数据化经营》
定价： 58.00 元

《超市店长工作术》
定价： 58.00 元

《超市投诉现场应对指南》： 来自日本的超市精细化管理实操读本
定价： 60.00 元

《超市现场陈列与展示指南》
定价： 60.00 元

《向日本超市店长学习合法经营之道》
定价： 78.00 元

《让食品网店销售额增加 10 倍的技巧》
定价： 68.00 元

《让顾客不请自来！ 卖场打造 84 法则》
定价： 68.00 元

《有趣就畅销！ 商品陈列 99 法则》
定价： 68.00 元

《成为区域旺店第一步——竞争店调查》
定价： 68.00 元

《餐饮店如何打造获利菜单》
定价： 68.00 元

《餐饮店爆品打造与集客法则》：迅速提高营业额的"五感菜品"与"集客步骤"
定价：58.00元

《赚钱美发店的经营学问》：一本书全方位掌握一流美发店经营知识
定价：52.00元

《新零售全渠道战略》：让顾客认识到"这家店真好，可以随时随地下单、取货"
定价：48.00元

《良医有道：成为好医生的100个指路牌》：做医生，走经由"救治和帮助别人而使自己圆满"的道路
定价：58.00元

《口腔诊所经营88法则》：引领数百家口腔诊所走向成功的日本口腔经营之神的策略
定价：45.00元

《来自2万名店长的餐饮投诉应对术》：如何搞定世界上最挑剔的顾客
定价：48.00元

《超市经营数据分析、管理指南》：来自日本的超市精细化管理实操读本
定价：60.00元

《超市管理者现场工作指南》：来自日本的超市精细化管理实操读本
定价：60.00元

《好服务是设计出来的》：设计，是对服务的思考
定价：38.00 元

《让头回客成为回头客》：回头客才是企业持续盈利的基石
定价：38.00 元

《餐饮连锁这样做》：日本餐饮连锁店经营指导第一人
定价：39.00 元

《养老院长的 12 堂管理辅导课》：90%的养老院长管理烦恼在这里都能找到答案
定价：39.80 元

《大数据时代的医疗革命》：不放过每一个数据，不轻视每一个偶然
定价：38.00 元

《如何战胜竞争店》：在众多同类型店铺中脱颖而出
定价：38.00 元

《这样打造一流卖场》：能让顾客快乐购物的才是一流卖场
定价：38.00 元

《店长促销烦恼急救箱》：经营者、店长、店员都必读的"经营学问书"
定价：38.00 元

《生鲜超市工作手册蔬果篇》：海量
图解日本生鲜超市先进管理技能
定价：38.00 元

《生鲜超市工作手册肉禽篇》：海量
图解日本生鲜超市先进管理技能
定价：38.00 元

《生鲜超市工作手册水产篇》：海量
图解日本生鲜超市先进管理技能
定价：38.00 元

《生鲜超市工作手册日配篇》：海量
图解日本生鲜超市先进管理技能
定价：38.00 元

《生鲜超市工作手册副食调料篇》：
海量图解日本生鲜超市先进管理技能
定价：48.00 元

《生鲜超市工作手册 POP 篇》：海量
图解日本生鲜超市先进管理技能
定价：38.00 元

《日本新干线 7 分钟清扫奇迹》：我们
的商品不是清扫，而是"旅途的回忆"
定价：39.80 元

《像顾客一样思考》：不懂你，又怎
样搞定你？
定价：38.00 元